DISCOVRS SVR LE VOEV DV ROY A LA SAINCTE VIERGE,

Pronon. en l'Eglise Cathedr. de Bayeux.

AVEC VN AVTRE SVR LA NAISSANCE DE MONSEIGNEVR LE DAVPHIN.

Aussi prononcé audit lieu.

Par M. G B. Prestre Doct. en Theol. en la Facult. de Paris, & Chanoine en ladite Eglise.

A PARIS,

M. DC. XXXVIII.

AV ROY

IRE,

Si la Naiſſance du grand Sainct Jean Baptiſte, a rendu la parole aux muets : Voſtre Majeſté ne trouuera pas eſtrange, que celle de Monſeigneur le Dauphin me donne les paroles que i'oſe luy offrir : & qu'elle ait autant de pouuoir ſur mon eſprit, pour en vaincre la timidité; que la premiere en a eu ſur leur langue, pour rompre leur ſilence. C'eſt vn ſuject de reſioüiſſance ſi grand, que tout le monde eſt obligé, non ſeulement de la conceuoir, mais de la teſmoigner; & comme les plus ſimples luy doiuent leurs acclamations: Ceux qui ont plus de cognoiſſance, luy doiuent leurs eloges. Que s'il eſt quelquesfois permis à la ioye d'exceder les termes du reſpect, & de paroiſtre vn peu hardie, pour ſe montrer plus grande: I'ay penſé, SIRE, que c'eſt en cette occaſion, où le deuoir que ie taſche de rendre, en empeſche le crime; & où la re-

uerence eſt ſurmontée par vn excez d'affection. Mais vne autre conſideration m'a donné bien plus d'aſſeurance, lors que ie me ſuis ſouuenu, qu'en Voſtre Majeſté, outre la qualité tres auguſte de Roy, ſe trouue maintenant la qualité de Pere: Et que ſi la premiere deuoit par ſa ſplendeur m'apporter de la crainte; la ſeconde par ſa douceur, m'oſte meſmes la défiance; & me promet d'auoir pour agreable, ce que l'autre deueroit reietter comme preſomptueux. C'eſt donc à cette qualité amoureuſe de Pere, que ie prends, SIRE, la hardieſſe d'adreſſer ces Diſcours: leſquels i'ay eſtimé ne deuoir point diuiser : puis que tous deux contiennent les productions admirables de vostre pieté : & qu'en l'vn, on la void par l'institution d'vne saincte solemnité enfanter la deuotion dans le cœur de ses subjets ; & en l'autre, par ses merites, leur produire vn Dauphin : En l'vn, offrir son Sceptre à la Mere de Dieu ; en l'autre, la Mere de Dieu enuoyer dans la Terre vne main pour le receuoir, & pour le porter apres elle. Tellement, SIRE, que i'espere, que si la forme en ces Discours merite d'estre méprisée ; pour le moins la matiere en sera bien receuë : Veu que vostre Vertu y rencontrera ses loüanges, vostre

Paternité les benedictions de son Fils, & Vostre Majesté les vœux,

SIRE,

De vostre ville de Bayeux
le 15. Septembre 1638.

De son tres-humble, tres-obeïssant,
& tres-fidele subject, & seruiteur,
GILLES BVHOT.

A LA REINE.

ADAME,

I'ay creu que ie ne deuois point en ce suject separer vostre Majesté de nostre grand Monarque: puis que cette obligation que vous a la France est commune à tous deux. La qualité de Fils ne re-

garde pas seulement le Pere qui l'a engendré ; mais la Mere qui l'a produit : Et comme ils ont esgalement contribué à sa Naissance ; il est bien raisonnable qu'ils participent également aux actions de graces. Or, MADAME, ce qui oblige mon esprit & ma langue à cette hardiesse, est l'admiration de ce sacré Dauphin, auquel vous auez comme inspiré la sainctteté par vos prieres auant la vie : luy ayant faict part de vos merites, auant que de le receuoir au partage de vostre sang : & trauaillé en cette sorte à la perfection de son ame ; auant mesmes la formation de ses membres : afin qu'il ne fust pas seu-

lement successeur de l'authorité de son Pere ; mais de sa pieté, & de vostre vertu ; & que dans vostre sein la France rencontrast, non seulement vn Prince, mais la continuation de sa felicité. Apres tant de faueurs, I'ay creu, MADAME, *qu'il n'y pouuoit auoir de crime, d'éleuer tellement l'accent de mes loüanges, qu'elles donnassent iusques aux oreilles de vostre Majesté. Que si c'est vne faute, la grandeur du suject merite qu'on l'excuse : Si c'est temerité, il la rend pardonnable. C'est ce que i'ose me promettre de vostre Majesté, & qu'elle ne considerera pas tant ma hardiesse, que mon*

Zele ; ny ma temerité, que ma deuotion, & le desir que i'ay de paroistre,

MADAME,

De vostre Majesté,

De vostre ville de Bayeux le 15. Septembre 1638.

Le tres-humble, tres-obeïssant, & tres-fidele subject, & seruiteur,

GILLES BVHOT.

SVR LE VOEV DV ROY A LA S^TE VIERGE.

Pr. le 15. Aoust 1638. iour de l'Assomption & Procession generale.

Adstitit Regina à dextris tuis in vestitu deaurato circundata varietate. La Reine, Mon Seigneur, est assise à vostre droite ornée d'vne robe d'or, & d'vne belle varieté qui l'enuironne de tous costez. Dit le Prophete Roy au Psalme quarante-quatriesme.

LE BIEN-AIMÉ Disciple S. Iean, qui n'a pas moins de cognoissance des motifs d'vne ferme esperance, qu'il a d'expenence des ferueurs de l'amour, n'a point d'argument plus efficace pour nous porter à esperer confidemment, que de representer à nos esprits Nostre Seigneur assis à la droite de son Pere, qui intercede pour nos ames: Mais il semble qu'en cette iournée le Prophete veut redoubler nos esperances, lors qu'il nous represente la Saincte Vierge sa Mere à son costé, qui fait enuers luy le mesme office: en sorte que ie ne doute pas tant de l'effect de nostre priere, que ie me trouue empesché des termes de la conceuoir enuers cette Vierge glorieuse, par l'entremise de laquelle nous esperons d'estre exaucez, & par le Fils, & par le Pere: Car il semble, Mrs, que sa felicité deffend à nostre bouche le salut ordinaire, & en demande vn autre: Le salut ordinaire la publie pleine de grace, & voila qu'en ce iour elle est pleine de gloire : Il porte que ſon Dieu & ſon Seigneur eſt en terre auec elle ; Et voilà au contraire, qu'elle eſt au Ciel auec ſon Seigneur, & ioüit de ſon Dieu : il la proclame bien-heureuſe entre toutes les femmes ; & ne ſeroit-ce pas luy retrancher la meilleure partie de ſa gloire que d'vſer de ces termes, veu qu'elle eſt bien-heureuſe pardeſſus tous les Anges ? Mais neantmoins, Mrs, pourquoy tant heſiter ſur le ſujet de ce ſalut : Ont-ce pas eſté ſes merites qui luy ont procuré cette haute beatitude ? ont-ce pas eſté ſes vertus qui luy ont éleué vn Throſne dans les Cieux ? Ne craignons donc point qu'vne priere qui contient ſes merites face tort à ſa gloire : Ne craignons point de renuoyer au Ciel vn ſalut que le Ciel a enuoyé en terre, & s'il l'a enuoyé par la bouche d'vn Ange ; ſçachez que la pieté de cette Vierge eſt assez grande pour le receuoir auec amour de la bouche des hommes. Dites donc *Aue Maria.*

CE N'EST PAS sans raison que le Prophete Roy prepare si long-temps nos esprits pour entendre la Prophetie de ce iour, contenuë dans le Psalme dont i'ay tiré mon texte : car au lieu qu'il luy deueroit suffire de loüer tout au plus l'excellence de sa matiere, ie voy dés le commencement qu'il s'arreste à loüer quatre choses ; son affection, son sujet, son Auditeur, sa langue: Son affection ; lors qu'il dit qu'il ne tire pas ce discours de sa bouche, mais du plus profond de son cœur, *Eructauit cor meum*, c'est mon cœur mesme qui vous parle : Son sujet ; en le qualifiant vne heureuse nouuelle, & non point vn discours indifferent, ou inutile ;

Verbum bonum ; c'eſt vne parole autant agreable à entendre, qu'elle m'eſt douce à proferer : Son Auditeur ; en adiouſtant qu'il dedie ſon ouurage non pas ſimplement à vn peuple, mais à la perſonne d'vn Roy ; *Dico ego opera mea Regi* ; Moy qui ay l'honneur de porter la qualité de Roy, i'addreſſe ma parole à celuy qui porte le Sceptre : Sa langue ; en la comparant à la main d'vn leger Eſcriuain ; *Lingua mea calamus ſcribæ velociter ſcribentis* ; Ma langue eſt vne plume, mais vne plume dans la main d'vn Secretaire tres-diligent, qui coule promptement ſes lignes. D'où vient cela, M^rs, que ce Prophete dont les penſées ſont autant éloignées d'ambition que les paroles de menſonge, contre ſon ordinaire, auant que faire entendre le bon-heur dont il veut parler, s'occupe de la ſorte à deduire l'affection auec laquelle il le profere; la dignité de la personne à laquelle il l'addresse; l'energie des paroles auec lesquelles il l'exprime: sinon des mysteres sublimes qui sont renfermez dans ce Psalme.

Car en effect, M^rs, ce Prophete tres-esclairé auec mesmes termes nous descrit deux personnes; sous mesmes ceremonies nous represente deux triomphes Les personnes qu'il nous descrit, sont celles de la tres-glorieuse Vierge, & de la Saincte Eglise: Et c'est à elles qu'on a accoustumé de les attribuer. Les triomphes qu'il nous represente, sont ceux qui en cette bien-heureuse iournée se passent au Ciel & en la terre, & principalement parmy les Lys de France; veu que le sens de ces paroles les regarde tous deux.

Quant à la magnificence de ce premier triomphe qui se celebre dans les

Cieux; vous demeurez assez d'accord qu'il est exprimé par ces termes, *Adstitit Regina à dextris tuis in vestitu deaurato circundata varietate*; La Reine (ô Monseigneur) est dans le Ciel à vostre dextre, reuestuë d'vne robe d'or enuironnée de la diuersité de toutes les vertus dont elle possede la gloire : & que la mesme bouche qui n'a peu mieux exprimer la grandeur de l'humanité du Fils de Dieu, qu'en disant que son Throsne est à la droite du Pere; *Dixit Dominus Domino meo sede à dextris meis*; A creu ne nous pouuoir mieux representer la grandeur de sa Mere, qu'en disant qu'elle est assise à la droite du Fils, *Adstitit Regina à dextris tuis* ; La Reine est assise à sa dextre.

Mais pour la pompe de ce Triomphe solennel qui se celebre auiourd'huy par toute la France; jettez tant seulement les yeux sur le titre du Psalme, & vous remarquerez comme il semble que le Prophete en a veu la ceremonie, ou du moins qu'il a recogneu la ferveur de devotion qu'auroient quelque iour les François à la Reine des Cieux, & la protection singuliere qu'elle prendroit de leur Couronne: Car ce Psalme dans l'Hebrieu a cette inscription, *hall sosanim, Victori pro liliis*, comme l'interprete S. Hierosme, Au vainqueur à cause des Lys; ou bien comme tourne Aquila, *ἐπὶ τοῖς κρίνοις*, pour les Lys. En sorte que si ce discours s'addresse à ceux qui dans la terre ont l'honneur de porter les Sceptres, c'est particulierement au Prince qui porte le Sceptre des Lys: *Dico ego opera mea Regi.* De vray nous voyons dans ce Psalme, qu'il compte parmy les bon-heurs de cette admirable Princesse la multitude de ses enfans; & de ce qu'ils occuperont la place de ses

Peres ; & les premiers rangs dans la terre : *Pro patribus tuis nati sunt tibi filij, constitues eos principes super omnem terram.* Que s'il contemple ainsi la multitude de ses enfans : qui doute qu'il ne considere l'aisné entre les autres ? & que ce n'est pas sans mystere qu'il a voulu planter le Lys à la teste du Psalme ; puis qu'vn iour il arriueroit que ce seroit pour le Fils aisné, & de l'Eglise, & de la Vierge. Que veulent dire donc ces paroles, *Adstitit Regina à dextris tuis*, La Reine est à vostre costé, pour le regard de ce bas monde, sinon qu'elle a pris la protection de nostre Monarque, & de sa Monarchie ? Car elle a deux Throsnes, M[rs], l'vn dans le Ciel, & l'autre dans la terre ; l'vn à la droite de nostre Dieu, l'autre à la droite de nostre Prince : elle est à la droite de Dieu pour posseder sa gloire : elle est à la droite de nostre Prince pour luy prester son assistence, & pour le proteger : *Adstitit Regina à dextris tuis*. Mais comme si nostre bon Roy desiroit encore adiouster à la pensée de ce Prophete ; & vouloit éleuer plus haut que tous ses deuanciers les Trophées de cette sacrée Reine : Voicy maintenant qu'il depose humblement à ses pieds, & sa personne & sa Couronne : non content de l'auoir à ses costez, il luy cede son Throsne : non content de sa protection telle qu'il l'a iusques icy sainctement essayée ; afin de l'obtenir, & plus singuliere, & plus grande ; il luy fait en ce iour hommage de son Sceptre : & veut que sa deuotion soit suiuie de la resiouissance commune de tous ses fideles sujets.

I'AVROIS DONC à present à desployer la pompe & la ceremonie de ces deux illustres Triomphes, dont le premier luy est dressé par ses propres merites ; le ſecond par la pieté de noſtre vertueux Monarque : Toutesfois parce que ce ſeroit trop entreprendre pour vne petite heure que i'ay à vous entretenir ; & que le dernier nous regarde particulierement : ie laiſſeray aux Anges, comme en ayans receu la charge, la ſolennité du premier ; & à vos meditations d'y éleuer vos penſées : & m'arreſteray ſeulement à la magnificence & à la pompe du dernier.

Or avant que de m'engager plus outre : quittant pour ce iour les autres vertus eminentes, & les illuſtres titres de noſtre glorieux Auguſte : vous me permettrez de reuerer l'excellence de ſa pieté, non moins ingenieuſe à trouuer des inuentions pour ſe conſacrer à ſon Dieu ; que feruente à les entreprendre, & genereuſe à les executer. Le premier qui porta le nom d'Εὐεργέ-

rus, c'est à dire, de Bien-faicteur entre les Ptolomées ; l'acquist pour auoir rapporté les Idoles aux Egyptiens, qu'autresfois Cambyses leur auoit enleuez : pource qu'en effect le plus grãd de tous les bien-faits est celuy de la Religion. Mais quel nom donnerons nous à nostre tres-vertueux Prince, qui veut exciter dans nos cœurs vne deuotion aussi saincte comme l'autre estoit sacrilege : qui ne nous donne pas à la verité les premieres instructions du culte de la Saincte Vierge ; mais qui nous y anime par la ferueur de son exemple. L'Antiquité profane a loüé jadis l'Empereur Aurelian, d'auoir choisi Hercule pour son Colegue au gouuernement de l'Empire ; comme s'estant par ce moyen rendu tout à fait inuincible, en ioignant aux forces humaines la puissance diuine : Quelles loüanges donc seront deuës à nostre

Monarque; qui prend la Mere de son Dieu, non pas simplement pour Colegue, mais pour sa protectrice : qui se rend son sujet, & non pas son égal: qui luy met son Sceptre en la main, sa personne à ses pieds. Belle deuotion de ce Prince, & non moins glorieuse à la Mere de Dieu qu'il choisit pour sa Reine, que profitable à ses sujets à qui il la designe & la donne pour protectrice: En mesme temps qu'elle prend possession du Ciel, il desire la mettre en possession de la France ; en mesme temps que Dieu luy met le Diademe sur la teste, il depose le sien à ses pieds: afin qu'en mesme iour elle soit Couronnée à la teste par la main d'vn Dieu, aux pieds par la main d'vn Monarque.

Ce seroit bien assez que la ferueur de sa pieté pour faire cette offrande : Mais quand ie lis plus attentiuement dans les pensées de son esprit : ie trouue qu'il y est encore excité par raison, & par obligation : par raison; veu qu'il suit le priuilege de son Sceptre; l'exemple de ses Predecesseurs, le mystere des Lys : par obligation; tant des faueurs qu'il a receuës, que d'autres qu'il espere.

QVi VOVDROIT icy rapporter les priuileges des François ; on ne leur pourroit disputer d'auoir esté les premiers peuples de la Gentilité conuertis à la Foy ; les plus fermes à la conseruer & maintenir ; les plus zelez au seruice des Papes & de la Saincte Eglise ; & les premiers qui se soient consacrez au seruice de Nostre Dame.

Les Apostres estoient encore dans Hierusalem, que desia la Religion estoit dedans la France : ils n'auoient pas encore pensé à se diuiser par l'Vniuers, que desia elle possedoit ses

Predicateurs. Car la mesme persecution qui fist mourir le premier des Martyrs S. Estienne; exposa sur la mer cette saincte famille du Lazare, de ses deux sœurs, & de S. Maximin, dans vn vaisseau sans voile ; qui conduit par le vent du bien-heureux Esprit, vint surgir au port de Marseille, dont le Lazare fut le premier Euesque, comme S. Maximin de la ville d'Aix en Prouence. N'est-ce pas là pour auoir esté les premiers esclairez de la Foy? veu que cela aduint dans l'année mesme que nostre Redempteur fist son Ascension au Ciel. Mais admirez vn peu combien dés lors nostre Seigneur fauorisa la France : elle est la premiere enseignée de toute la Gentilité : il l'honore de la famille qu'il auoit dauantage aimée & cherie dans la terre: luy donne son hostesse qui estoit saincte Marthe, comme gage qu'elle seroit vn iour le refuge de ses Pontifes: Et n'y pouuant pas enuoyer sa tres-beniste Mere qu'il ne vouloit point détacher d'aupres de ses Apostres; Il luy enuoye Magdelaine, qui portant le nom de Marie, y apporte son nom. *Venit ergo*, dit S. Pierre Chrysologue (quoy que sur vn autre subject) *mater in nomine*; La Mere donc de Nostre Dieu n'y pouuant venir en personne, y vint descendre par son nom.

Si nostre France a esté ainsi la premiere à receuoir la Foy; ç'a esté la premiere encore à la bien conseruer. C'est vne verité, Mrs, qui trouue ses figures en l'anciéne Loy. A la porte de ce beau Temple de Salomon, qui nous represente l'Eglise; Il y auoit deux colomnes appellées Bos & Iachim, c'est à dire, force & fermeté; dont les chapiteaux estoient faits *opere Lelij*, en ouurage de Lys; pour faire cognoistre

qu'vn

qu'vn iour les Lys de France seroient la force, & l'appuy de l'Eglise. Et pour marquer encore la sincerité de leur Foy ; en la tige & aux branches du Chandelier qui estoit dans le Temple il y auoit des fleurs de Lys : figure tres expresse que les Lys resteroient tousjours esclairez de la Foy ; & qu'ils en porteroient le flambeau par toute l'estenduë de la terre. Et par effect si on consulte le passé ; Comme la Chaire de S. Pierre est infaillible en ses Oracles : Ainsi pourroit-on dire, que le Throsne François depuis sa conuersion est infaillible en sa creance : Et que si la premiere ne peut errer en ses decisions ; le second ne se departira iamais de ses submissions enuers Dieu & l'Eglise. Voire ie diray plus, que c'est l'vn des Oracles que la Chaire de S. Pierre a prononcé par la bouche d'Innocent III.

Collect. Ant. Aug. *capit. nouit. ext. De Iudicijs.* *Cum hoc Regnum benedictum à Deo semper in ipsius deuotione permanserit, ab eius deuotione nullo vnquam credimus tempore discessurum:* La constance que ce Royaume beny de Dieu a tousiours apportée à maintenir sa Foy, & sa premiere deuotion; donne des preuues euidentes (comme nous l'esperons) qu'elle subsistera tousiours inuiolable & immortelle; Et tout ce qu'on y a remarqué de pieté iusques icy, semble n'estre pas tant les actions du passé, que la prediction & les gages de l'aduenir.

Quant aux seruices que les François ont perpetuellement rendus aux Souuerains Pontifes & à toute l'Eglise: Il faudroit ignorer entierement l'Histoire, si on ne confessoit qu'ils ont tousiours esté le maintien de la Religion; l'azile du sainct Pere; &

les colomnes de la Foy; Que ç'ont esté les premiers Peuples qui ont porté les armes pour la deffense de Iesus Christ: & qui dans tous les siecles ont presté de plus puissans secours à l'Eglise leur Mere. Cecy est si constant; & les obligations qu'à l'Eglise au Sceptre François, (si toutesfois vne Mere en peut auoir à son Enfant) passent pour si certaines; que Philippes Auguste ne craint point de tenir ce discours au Pape Lucius III. par la plume d'Estienne Euesque de Tournay (c'est lors qu'il luy escrit touchant cette fameuse contestation d'entre l'Archeuesque de Tours & l'Euesque de Dol, où l'vn de vos deuanciers, Monseigneur, & vn Doyen de cette Eglise furent vne fois deputez afin d'en cognoistre.) *Si potuerit obliuisci mater filiorum vteri sui; & Ecclesia Romana Regni Francorum obliuionem assu-*

C'est à Mr l'Euesque qui estoit present.

met: cum vtrumque de iure sit impossibile, de natura difficile, de facto enorme; Quid enim vltra facere debuimus Matri nostræ & non fecimus? Si iamais la Mere peut mettre en oubly les enfans de son ventre; l'Eglise Romaine pourra oublier le Royaume de France; veu que l'vn & l'autre, selon le droict, est impossible, selon la Nature est difficile, selon l'euenement est horrible; Car quel seruice auons-nous deub rendre à nostre Mere que nous luy ayons refusé?

Mais pour descendre particulierement à la deuotion enuers la Saincte Vierge: Quel peuple nous y a deuancé, soit pour le temps, où bien pour la ferueur? Plusieurs siecles auparauant que la Vierge fust née, son culte estoit desia planté dans ce Royaume: Nos anciens Druydes ayans eu la cognoissance, soit par les liures des Sybilles, ou les liures sacrez, qu'vne Vierge deuoit enfanter le Redempteur du Monde; commencerent dés lors à luy eriger des Autels; en sorte que, dans nostre France, ceste Vierge n'estoit pas née qu'elle estoit honorée; & n'auoit pas encore la vie qu'on luy offroit des voeux. L'Histoire qui est couchée chez Sebastien Roüillard adjouste que ces Druydes ayans appris des Predicateurs qui leur annoncerent l'Euangile; que ceste Vierge bienheureuse estoit encore au monde en la ville de Hierusalem; dépescherent pardeuers elle, pour l'asseurer de leur ancienne deuotion à son seruice; & pour la supplier de les prendre soubs sa protection. N'est-ce pas là auoir preuenu la deuotion de tous les peuples, que d'auoir preuenu sa premiere origine; Et qu'elle sorte de nation a peu deuancer nos respects, s'il est tellement asseuré qu'ils ont deuancé sa naissance.

Tout cecy seruira, M[rs], pour vous faire cognoistre que ce priuilege qu'a le Sceptre de France d'estre appellé fils aisné de l'Eglise; n'est pas tant le present des souuerains Pontifes, comme le monument de la pieté de nos Peres. D'ou resulte que si c'est le premier en ordre de temps, en constance, en merite, & en affection encore, au seruice de la Saincte Vierge: Il est bien raisonnable qu'il luy soit dedié d'vne façon particuliere pardessus tous les autres.

Mais passons de la deuotion du Peuple à celle de la Maison Royalle. Apres que le grand Constantin eut dedié à Nostre Dame la ville de Constantinople: il erigea trois croix au milieu de la place: mais il n'y auoit que la troisiesme qui fist les grands miracles. De mesme ie puis dire qu'il y a beaucoup à admirer dans les deux premieres races de nos Roys touchant la deuotion à la Saincte Vierge : Vn Clouis qui esleue son culte dans le throsne Royal, en mesme temps qu'il y fait seoir la verité Chrestienne: Vn Charlemagne qui prefere sa Robe & quelques gouttes de son Laict à toutes ses conquestes. Mais les plus grands miracles & les plus singulieres deuotions se rencontrent en la troisiesme, qui regne encore en la personne de nostre genereux Louis.

On a long temps philosophé sur le nombre de ces trois Fleurs de Lys qui furent presentées à Clouis dans ce blazon qui luy fut apporté du Ciel: Mais pour moy i'estime que c'estoit principalement pour signifier les trois dynaſties & les trois races de nos Roys, dont les deux premieres ayant eſté bien toſt exteintes, la troiſieſme qui a deſia veu tant de ſiecles, ira meſurant ſa durée auec celle du Monde. Or la raiſon de cette longue & immortelle proſperité, ſelon que ie la puis recueillir de Helgaldus, Hiſtorien aſſez ancien & aſſez bien receu, eſt que ceſte ſacrée tige dés ſon commencement s'eſt miſe ſoubs la protection de la tres-Saincte Vierge: *Erant huic generationi ſpeciales amici Sancta Maria, Sanctus Martinus*, & quelques autres qui ſont en ſuitte. Ceſte race qui n'eſtoit montée au ſiege Royal que par vne reuelation du Ciel, portée par Sainct Riquier & Sainct Valeric, auoit pour ſinguliers amis la bien-heureuſe Vierge Marie, Sainct Martin, & quelques autres Saincts.

Je me plains d'vn Autheur qui m'ayant enseigné que nos Roys au iour de leur Sacre sont mis eux & leur Sceptre en la protection speciale de la Mere de Dieu: ne m'a pas donné les termes qu'on a coustume d'employer à cette auguste ceremonie pour vous en faire part.

Mais reprenons la chose dans son origine. Hugues Capet, qui fut le premier de cette tige, laissa cette deuotion pour succession à ses enfans: Et le mesme Helgaldus rapporte l'aduertissement qu'il donna à son fils Robert en mourant: *Vt Sanctos coleret, maxime vero Beatam Virginem:* Qu'il honorast les Sainctꝭs, mais sur tout la Vierge glorieuse. Ce Robert dont la pieté a plus combattu que les armes, & qui renuersoit les murs des villes chantant des loüanges à Dieu, ainsi qu'atteste Paul Emile (le Tite-

Liue de la France) fist vn tel profit du commandement de son pere, qu'il appelloit la Saincte Vierge, *Stellam Regni sui;* l'Estoille de son Royaume: & establit en son honneur vn Ordre de Cheuallerie, qu'il nomma de Nostre Dame de l'Estoille: luy dedia plusieurs Eglises: fist plusieurs beaux Hymnes & Respons en son honneur: entre-autres, disent quelques vns, *Solem iustitiæ Regem, Ad nutum Domini, Styrps Iesse:* plus à estimer pour leur antiquité que pour leur elegance; (Quoy que i'aye de la peine à leur accorder qu'ils soient de luy, veu que ie les ay leuz parmy les Poësies de Fulbert Euesque de Chartres.) Qui voudroit joindre les Saincts Loüis, les Philippes, les Loüis Vnziesme, & tous les autres, il n'auroit iamais fait.

Et par consequent qui s'estonnera si la pieté de nostre Roy imite, ou pour mieux dire, deuance en ce sujet celle de tous ses peres. Hugues Capet recommanda à ses enfans la deuotion enuers la Vierge: Et nostre bon Roy en ce iour la recommande à tous ses subjets. Robert dressa en son hōneur vn Ordre de Cheuallerie, qui estoit seulement pour les grands de sa Cour; & nostre bon Roy en ce iour publie vne ceremonie à laquelle il admet & conuie tout son peuple: Car en ce poinct, Mrs, nostre Roy ne veut point auoir des subjets, mais auoir des esgaux: Et si vous remarquez qu'en cela il employe son authorité; c'est pour nous rendre seulement compagnons de sa pieté. Philippes Auguste apres cette fameuse iournée de Bouines, luy fist bastir vn Temple qu'il appella de Nostre Dame de la Victoire: Nostre Roy veut que toute la France soit changée en vn Temple pour chanter ses loüanges. Sainct Loüis luy ceda l'ancien Palais des Roys de France, qui sont, comme dit Corroset en ses Antiquitez, les Chartreux de Paris, auquel il adjousta vne Eglise qu'il fist bastir en son honneur: Nostre Roy luy quitte son Sceptre, luy cede sa Couronne. Philippes VI. apres auoir deffaict les Flamans par son assistance, entra à cheual dans Nostre Dame de Paris (où l'on void encore sa statuë) pour consacrer tous les instrumens de sa victoire à celle qui en estoit la cause principale: Et nostre Roy se reputant luy mesme vn instrument de sa bonté en tout ce qu'il a operé, luy offre sa personne. Loüis XI. luy presenta entre-autres choses vn cœur qui estoit d'or massif: Nostre Roy luy consacre le mesme cœur qui luy donne la vie.

Or afin que vous ne pensiez pas

que ie cherche plustost à eleuer le Sceptre de nos Roys que non pas leur vertu, en banissant de ce discours celle des autres Princes : permettez que i'adjouste à nos pietez domestiques vn exemple estranger. S. Estienne Roy d'Hongrie fust autresfois touché d'vne pareille deuotion: Ce Prince ayant long-temps porté la qualité de simple Duc; enuoya pardeuers le Pape solliciter l'erection de son Duché en tiltre de Royaume; la nuict precedente du iour que ses Ambassadeurs arriuerent; vn Ange commanda au Pape (qui estoit Syluestre second) non seulement de conceder aux Ambassadeurs de ce Prince ce qu'ils demanderoient: mais encore de luy enuoyer le mesme bandeau Royal qu'il auoit preparé pour le Duc de Pologne, lequel depuis quelque temps poursuiuoit par ses Ambassadeurs vne faueur pareille: A quoy le Pape obeit auec tant de Religion; qu'ayant esgard à la conuersion des peuples qu'il auoit procurée, ■ outre la couronne & le tiltre de Roy, il luy donna le nom d'Apostre, la qualité de son Legat, le pouuoir de faire porter vne Croix deuant soy, comme si ç'eust esté plustost vn Euesque qu'vn Roy; vn Prelat qu'vn Monarque: Et afin que la Hongrie sçache à quelle main elle a cette obligation, vous vous souuiendrez, s'il vous plaist, que ce Syluestre second a esté le premier de nos François qui ait monté au throsne Apostolique. Ce bon Roy donc n'eust pas plustost receu le diadéme par vne main de France, qu'il en fist present à la Vierge, qui le deffendit miraculeusement des entreprises de Conrad quatriesme Empereur, de la cruauté des coniurez qui auoient conſpiré ſa mort, rendit ſon regne floriſſant, luy donna vn enfant qui porta comme luy la qualité de Sainct. Voyez-vous le tableau, M^rs^, de vos felicitez? Voyez-vous, le bon-heur que vous deuez attendre d'vne ſi pieuſe entrepriſe? Conſiderez vous bien cette grande proſperité qui commence de poindre en ce iour bien-heureux, que noſtre Monarque a choiſi pour eſtre à l'aduenir la conſecration & la dedicace de la France.

MAIS RETOVRNONS, s'il vous plaiſt, à nos Lys; & flerons tant ſoit peu cette diuine fleur afin d'entendre ſes myſteres. Si quelquefois l'on peut trouuer parmy les fables des ombres de la verité: Il ſemble que la ſuperſtition Payenne nous aye voulu inſinuer la deuotion de ce iour. Ils diſoient que le Lys auoit eſté produit & teint du laict de la Reine du Ciel, qu'ils appelloient Iunon; si bien qu'elle en estoit la mere, la nourrice, & le peintre; puis qu'elle luy auoit donné la vie, le laict, & la couleur. Ostons, M^rs, de cette fable le nom seulement de Iunon; & disons que les Lys de France doiuent estre tenus pour la production, la nourriture, & le pourtraict de la Reine des Cieux. L'antiquité Payenne dedioit les Lys aux Nymphes: N'est-ce pas nous apprendre qu'il les faut consacrer à la Vierge des Vierges? Les Prestres de la Mere des Dieux, chez les Idolatres, s'appelloient *Galli*, qui est le nom que les Latins nous donnent: N'estoit-ce pas comme vne voix tres-puissante de la Nature qui crioit hautement, que c'est proprement aux François à sacrifier à la Mere de Dieu, c'est à dire, à nourrir enuers elle vne deuotion singuliere.

Toutesfois

Toutesfois ce seroit trop mal establir vne verité que de l'appuyer sur des fables. Nazareth me fournit vne bien plus gentille pensée (que i'oseray comme nommer la France de la Palestine.) Ce lieu où demeuroit la Saincte Vierge, signifie la Cité des Fleurs; Pourquoy le Sage en ses Cantiques le nomme seulement vn Iardin. Or qu'elles fleurs est-ce que l'Espoux y vient cueillir auec sa chaste Espouse: Le Texte sacré me l'apprend; *Dilectus meus descendit in hortum vt lilia colligat*, Mon bien aimé est descendu en son Iardin pour y cueillir des Lys. Heureux augure de ce qui deuoit arriuer lors que l'Eglise feroit dedans l'Europe sa principale residence: Car la France estant communémẽt nommée le Iardin de l'Europe, où se trouuent les Lys: Ne pouuons-nous pas dire que c'est vn autre Nazareth,

& que cette prediction en quelque façon la regarde : *Descendit dilectus meus, &c.* Le bien-aimé auec son Espouse est descendu en ce Iardin pour y cueillir les Lys.

De vray il semble en voyant la pluspart des Eglises Cathedralles de nostre France dediées soubs le nom de la Mere de Dieu, là où les premieres de Rome sont soubs les noms des Saincts Apostres, qu'elle leur ait comme cedé cette premiere ville du Monde & toute l'Italie destinée pour le Sacerdoce; veu que son sexe ne luy permetroit pas d'en exercer les fonctions: Et qu'elle ait voulu establir son principal sejour au milieu de la France. Et comme S. Iean l'Euangeliste, figuré par l'Aigle dans l'Escriture saincte, s'est saisi de l'Aigle de Rome; veu que l'Eglise Patriarchalle est consacrée soubs son nom : Ainsi la

Vierge bien-heureuſe, dont la pureté innocente eſt repreſentée par les Lys, s'eſt emparée des Lys de France, où les Egliſes principalles ſont dediées à ſa memoire.

Quoy qu'il en ſoit, M^rs^, le Lys eſt vne fleur qui merite d'eſtre cueillie par vne main tres-chaſte; & qui eſt digne qu'vne Vierge la porte dans ſon ſein par ſes affections : & principallement la noſtre, qui monſtre par ſon champ d'azur qu'elle a pris origine dans le Ciel & non pas dans la Terre.

ET DE faict pour faire cognoiſtre que c'eſt proprement à vne Vierge à en prendre la protection, & pour venir quant & quant aux obligations que la France luy a : Ne ſçauez-vous pas ce qui arriua en la perſonne de cette fille, que vous cognoiſtrez mieux par le nom de la Pucelle d'Orleans, qui deliura cette Monarchie de la tyrannie des Anglois: son sexe, sa qualité de vierge, la deuotion qu'elle auoit enuers Nostre Dame, font assez cognoistre qui estoit celle qui entreprenoit la deffense des Lys: Et eust esté à souhaitter qu'elle eust porté le sainct Nom de Marie, n'estoit peut-estre que la Reine du Ciel ne desiroit pas que son nom trempast dedans le sang, de peur d'en ternir la blancheur: Pourquoy elle aima mieux qu'elle eust le nom de son Disciple bien aime Sainct Iean l'Euangeliste, car elle auoit nom Ieanne: Et neantmoins afin que le nom ne fist pas ignorer d'où venoit le secours, ce fut vne appellée Marie qui porta la nouuelle au Roy long temps auparauant, de tout ce qui deuoit arriuer:

Mais pourrions-nous bien hesiter sur l'affection singuliere que la Reine des Cieux a pour cette Couronne; apres qu'elle mesme nous a asseuré de sa propre bouche qu'elle seroit perpetuelle? Cette parole est trop importante & trop glorieuse à la France pour taire mon Autheur; & le iour où cette reuelation arriua est trop considerable pour en oublier la circonstance. C'est Flodoardus, Autheur grandement estimé, qui me l'apprend en son Histoire de l'Eglise de Reims: Qu'vn Religieux tres-deuot appelé Raduinus, qui viuoit à Reims du temps de Loüis le Debonnaire, s'estant la veille de l'Assomption retiré à l'Eglise pour y passer la nuit en Oraison, eut l'honneur de voir la Vierge Saincte, assistée de S. Iean l'Euangeliste, & de S. Remy, qui luy tesmoigna premierement le desplaisir qu'elle auoit des desordres qui estoient en France, pour la mauuaise intelligence d'entre Loüis & ses enfans : & toutesfois l'asseura que cette Couronne, malgré les ennemis de cét Estat, seroit perpetuelle ; & qu'elle resteroit tousjours en la main des François. Et partant qu'vn Constantius soit repris par S. Athanase, de vanter faussement que son Empire est eternel: La France peut s'arroger ce titre sans crainte de reproche ; veu que si c'est crime de l'vsurper par vne vaine presomption : C'est comme vn autre crime d'en douter; apres la reuelation de cette sacrée Vierge. Si donc la France a du depuis subsiste si long-temps parmy tant de mal-heurs qui l'ont si souuent agitée, & portée à deux doigts de sa ruine entiere : à qui doit-elle sa conseruation, qu'à celle qui luy a donné cette prediction.

I'aurois en ce sujet à faire paroistre sur les rangs vne infinité de victoires,

& des plus importantes que nos Roys ont gagnées par l'intercession de la Mere de Dieu. Mais parce que le commandement du Roy que nous auons receu nouuellement ; & les ressentimens de sa pieté, nous chargent de quitter ces anciens exemples, pour faire entendre à son peuple les particulieres faueurs qu'il a receuës de Dieu par l'entremise de ses prieres ; & que ce n'est pas sans vne obligation speciale qu'il met sa personne & son Sceptre en sa protection ; attendu que c'est d'elle qu'il tient sa vie, & ses victoires : Ie suis obligé de vous dire, que ç'a esté par sa priere qu'il a repoussé les Anglois qui occupoient l'Isle de Ré : qu'il s'est rendu maistre de la Rochelle : qu'il a recouuré sa santé lors qu'elle estoit desesperée : qu'il s'est ouuert le pas de Suze pour aller secourir ses alliez, & deliurer Casal.

Toutes actions qui ont paru deuant nos yeux comme autant de miracles: dont sa Majesté proteste auoir plus d'obligation à l'intercession de la Vierge, qu'à l'effort de ses armes.

La santé de ce Prince, & les affaires de la France estant reduites à vne telle extremité ; qu'il sembloit que dans peu de iours nous deussions souffrir la perte du Roy & du Royaume : le Roy ayant desia vn pied dans le sepulchre par vne griefue maladie ; & nos ennemis dans nos terres par la prise de l'Isle de Ré : le Roy fist vœu à Nostre Dame des Ardilliers, qui est pres de Saumur : & voila tout d'vn coup que la fiéure le quitte le iour mesme de l'Assomption Nostre Dame ; afin que l'on ne peust douter de qui il tenoit cette faueur ; puis qu'il la receuoit en vn iour qui estoit dedié à celle à laquelle il l'auoit demandée.

Sa ſanté recouurée, il s'achemine pour aller ſecourir cette l'Iſle : Mais, ô preſage bien-heureux ! les meſmes pas qu'il fait pour l'aller ſecourir ; ſeruent pour aller rendre ſes vœux : les meſmes veſtiges de ſon courage ; ſont ceux de ſa pieté. Auſſi qu'en arriue-il? Dedans le meſme lieu ; en la Chappelle de Noſtre Dame des Ardilliers ; il offre ſa priere, & aprend les commencemens d'vne heureuſe victoire. La veille dont la place ſe deuoit rendre le lendemain ; & qu'il ſembloit que nos armées qui eſtoient ſur la riue, s'eſtoient pluſtoſt aſſemblées pour en conſiderer la priſe ; que pour luy preſter aſſiſtance : vne tempeſte s'éleue ſur la mer ; qui rompt les barricades que les Anglois auoient faites auec des tonneaux & des barques : & qui eſcarte tellement leurs vaiſſeaux ; qu'elle fiſt place à vingt-neuf Chalouppes qui portoient des viures aux nostres. D'où venoit ce secours, Mrs, sinon du Ciel, & de celle que nostre bon Prince reclamoit par ses vœux? qui combattoit en ce temps-là les ennemis de cét Estat? ou la bouche du Roy qui estoit en priere? ou bien les yeux de son armée qui voyoit ce miracle sur le bord de la mer?

La mesme chose presque pourroit-on dire de ce siege de la Rochelle: duquel tous ceux qui s'y acheminoient disoient tout hautement, qu'ils n'alloient pas prendre vne ville, mais perdre leur honneur: qu'ils ne l'alloient pas ruiner, mais adjouster à sa premiere felonnie l'orgueil d'vne victoire: ne considerans pas que rien n'est inuincible à vne deuote priere: & que le Roy auant que sortir de Paris; l'auoit desia gagnée dans l'Eglise de Nostre Dame, où il alla prendre vn nouuel

Oriflamme pour l'aller assieger (comme jadis faisoient ses predecesseurs à S. Denis) par la Saincte Communion qu'il y receut à cette intention.

Lors qu'il s'ouurit le pas de Suze, d'où pensez vous, M^rs, que proceda cette espouuante qui mist en fuite nos ennemis? Ie sçay que l'ō peut alleguer comme causes secondes, le courage inuincible de ce genereux Prince, la splendeur de ses armes victorieuses & triomphantes, les tres-sages conseils des ministres de son Estat, & la conduite merueilleuse qui ne leur estoit pas moins formidable que la pesanteur de ses armes. Mais s'il faut recourir à la premiere & principale cause, ces succez admirables ne se peuuent attribuer qu'à la deuotion du Roy, qui dés trois heures du matin fist celebrer la Messe en l'hōneur de la Ste Vierge, renouuella ses vœux enuers cette Reine des Cieux: Et de là s'estāt acheminé pour liurer le combat à ſes ennemis, trouua que ſa priere n'auoit pas moins jetté d'effroy & de terreur dans leurs eſprits, qu'elle auoit mis de confiance dans le fonds de ſon ame. Or tant s'en faut que tout cecy puiſſe diminuer l'admiration de ſa valeur, qu'au contraire il y joint celle de ſa pieté; & nous fait remarquer outre la benediction des hommes, celle du Seigneur des armées.

Qui voudroit raconter tous les autres heureux ſuccez qu'il a receus par l'interceſſion de la Vierge: Il faudroit, Mrs, reciter l'Hiſtoire de ſa vie. Donnez donc, ô Grand Prince; donnez hardimẽt voſtre Sceptre à cette ſacrée Reine: mettez confidemment voſtre Couronne en ſa protection: puis que vous auez deſia eſſayé tant de preuues de ſon aſſiſtance; & qu'elle vous la conſerue auec tant d'éclat.

MAIS ſi apres vne conſecration ſi

ſolennelle, comme nous la voyons en ce iour ; nous nous promettons encore à l'aduenir tant de faueurs de la bonté Diuine enuers la perſonne du Pere: nous ne les attendons pas moindres enuers la perſonne ſacrée de ce beny Dauphin, duquel nous eſperons dans peu de iours la Naiſſance: & qui nous venant du Ciel ; ne ſemble attendre, ſinon que la France ſoit conſacrée par vn vœu ſolennel à la treſ-ſaincte Vierge ; afin d'y faire ſon entrée: comme s'il deuoit eſtre vn iour en portant le Sceptre en la main ; pluſtoſt le Lieutenant de la Reine des Cieux, à qui il ſera dedié: que non pas ſucceſſeur de la dignité de ſes Ayeulx.

Cette conſideration me fait reſſouuenir de ce qui ſe paſſa en la premiere Egliſe qui fut baſtie en France en l'honneur de la Saincte Vierge, par vne main Royale; ce fut celle du grand

Conſtantin. Les Colomnes, dit ſainct Gregoire de Tours, eſtoient ſi belles & ſi hautes; que iamais il ne fut poſſible de les éleuer par les forces humaines : Mais la Saincte Vierge, à qui le Temple deuoit eſtre dedié; fauoriſant ſon ouurage, commanda que l'on priſt trois petits enfans; leſquels les éleuerent, toutes maſſiues qu'elles eſtoient, ſans aucune difficulté. Aujourd'huy ſe baſtit dans la France vn grand Temple à cette glorieuſe Vierge: puis que doreſenauant toute l'Egliſe Gallicane, mieux que iamais, va eſtre tenuë pour ſienne : où tout autant qu'il y a de fidelles, ſont des Autels chargez de vœux. Or ce n'eſt pas aſſez que noſtre Prince en jette dans ce iour les premiers fondemens : il nous eſt beſoin d'vn enfant : il nous faut vn Dauphin pour en eriger les Colomnes ; & porter à ſa perfection l'ouurage que ſon Pere aura heureuſement commencé. Mais qui nous le donnera, M^rs^, ſinon Dieu par l'entremiſe de la Saincte Vierge. C'a eſté pour cette raiſon, à ce que i'oſe me perſuader, que Dieu a ſi long-temps retardé la fecondité de noſtre grande Reine : afin que tout le monde ſceuſt que ce ſeroit pluſtoſt vn enfant du Ciel, que non pas de la terre : duquel on pourroit dire ce que dit Hildebertus à vne Reine d'Angleterre, *Noueris datum ei Filium in quo plus egit meritum Patris, quam debitum thori, ſanctimonia quam natura :* Recognoiſſez que Dieu luy a donné vn Fils qui eſt l'enfant de ſes merites, pluſtoſt que de ſon ventre ; que la pieté a engendré pluſtoſt que la nature. Comme de vray il y a aſſez long-temps, ô Grand Roy, que vous, & voſtre vertueuſe Sarra, *quadam fidei manu ;* (pour vſer des termes de Faustus Rhegiensis, à Ruricius & à sa femme,) *ianuam vitæ piâ coniuratione pulsatis* : vous frappez à la porte de la vie & du Ciel, auec vne si grande conspiration de sainctete & de vertu; qu'on pourroit auec raison publier de vos excellences, ce que S. Gregoire de Nazianze publie des merites & de la pieté de ses parens : *Virtute atque annis inter se pares, vterque primas inter mortales habiturus, nisi mutuo ipsi sese principatu prohiberent* : Comme ils sont égaux en aage, il le sont en vertu : & l'vn & l'autre tiendroit parmy les hommes le premier rang de la pieté; si ce n'est qu'il est encore en dispute entre-eux deux ; & qu'ils font gloire en cela de ne se point ceder : dautant qu'vn combat si glorieux ne diuise pas les esprits ; mais sert à les vnir. Puisse arriuer, M[rs], que nos vœux soient des Propheties, & les souhaits

haits de nostre esprit, les Oracles du Ciel.

Courage donc bon peuple : i'espere que cette iournée mettra la fin à toutes vos calamitez : & que c'est comme la premiere d'vne nouuelle felicité. Car si i'auois à vous peindre l'esperance publique, ie ne voudrois representer que ce qui se passe en ce iour. Lors que les anciens la vouloient figurer : ils peignoient vne Majestueuse Princesse, tenant en main vne Fleur de Lys à trois pampres auec ce titre, *Spes publica*, l'Esperance publique : Et auiourd'huy que nous voyons par la pieté de nostre Roy, les Lys entre les mains de la Reine des Cieux : Comment appellerons-nous cette Image, sinon *Spem publicam*, l'Esperance publique. Image bien plus asseurée, & bien plus agreable, que celle que fist peindre Chilperic, le dernier Roy de la premiere race, qui l'a representoit par vne espée nuë, dont la pointe estoit Couronnée, auec deux Lys à ses costez, & cette inscription au dessus, *Consilio firmata Dei*, affermie par le Conseil de Dieu. Et par effect, l'euenement fist bien cognoistre que ce n'estoit pas là, ny le Conseil de Dieu, ny le portraict de la felicité: puis que luy-mesme bien-tost apres fut despoüillé de son Royaume : & par sa propre experience fist recognoistre à ses successeurs; qu'vne Couronne est bien mal asseurée quand elle n'a point d'autre appuy, sinon la pointe d'vne espée. Autant donc que cette figure pouuoit apporter de terreur; le doux visage de ceste Vierge qui tient nos Fleurs de Lys, doit remplir nos esprits de consolation: laquelle ne nous promet pas moins de bon-heur par vne longue paix; que la guerre a accouſtumé d'apporter de miſeres. Si c'eſt le vœu du peuple; c'eſt le vœu de noſtre bon Prince, & la premiere ſupplication que nos Monarques font en la ceremonie de leur Sacre : car l'Archeueſque qui Officie, eſtant venu à ces paroles, *Pax Domini ſit ſemper vobiſcum*, la paix du Seigneur ſoit eternellement auec vous : auant que de les proferer, benit le Roy, le Peuple, & le Guidon de France : pour teſmoignage que, comme c'eſt le premier de leurs vœux, c'eſt auſſi la premiere & la plus grande benediction qu'ils doiuent attendre du Ciel.

Mais afin de contribuer autant qu'il nous ſera poſſible à meriter cette faueur : éleuons nos eſprits à cette Vierge bien-heureuſe, pour luy offrir auec noſtre Roy ſon Diademe & ſon Royaume. O Vierge Glorieuſe, ie ſçay qu'eſtant dedans la terre vous auez mesprisé les grandeurs & les Sceptres, par vne saincte humilité : mais vous ne les mespriserez pas maintenant ; que vous regnez dedans les Cieux auec Majesté : & principalement vous estans presentez, non par la vanité du monde, mais par la pieté d'vn Prince tres-Religieux ; qui iugeant sa Couronne indigne d'estre posée sur vostre teste ; la depose à vos pieds. N'est-ce pas de vous qu'il est dit, *Posuit me custodem in vineis* : Que Dieu vous a commis la garde de toutes ses vignes ; & le soin de toutes les Eglises, & de tous les Royaumes Chrestiens : mais s'il y en a quelqu'vn qui merite vostre protection singuliere ; C'est celuy qui porte les Lys ; dont la blancheur represente vostre Virginité, & l'odeur (qui chasse les Serpens) vostre diuine Maternité. Ouy i'oseray plus dire (par vn sainct equiuoque) que ce ne-sont pas tant nos prieres, que le commandement & l'ordonnance de vostre Fils, qui dit ; *Considerate Lilia*, considerez les Lys : regardez-les, mais d'vn œil fauorable : & que par vostre protection ils soient plus que iamais le portraict de la prouidence Diuine, auquel vostre Fils bien-aimé renuoye la consideration des hommes dans la Saincte Escriture, *Considerate Lilia agri non laborant neque nent.* Donnez par vos sainctes prieres, à nostre Roy & à nostre Reine son Espouse, vne longue & heureuse vie : à ce Dauphin que nous attendons, & à toute sa posterité, vne vertu constante ; à ce Royaume, vne paix eternelle : la mort à l'heresie : la confusion au libertinage : la fin aux vices : l'aduancemẽt à la vertu : & en vn mot, receuez le Prince & les sujets sous vostre saincte protection.

OR IVSQVES icy, M^rs, nous auons parlé de la deuotion d'autruy, plustost que de la nostre : Et quoy ? sera-il dit qu'en cette belle Procession que nous ferons tantost ; nous porterons, comme en triomphe, le cœur de nostre Roy ; & n'y conioindrons point les nostres ? Il luy presente la Couronne de son Royaume : luy refuserons-nous celle de nos desirs ? Elle va triompher glorieusement de la France : sera-il dit qu'elle ne triomphera point de vos affections ? Mais quel present luy pourrez-vous offrir qui soit plus digne de sa grandeur ; que celuy que vous voyez entre les mains de nostre Roy, ie veux dire les Lys ? Que peut-on consacrer à la Vierge des Vierges que la pureté mesme ? Lors que nostre Seigneur pendant en l'Arbre de la Croix, voulut faire choix d'vn Disciple pour sa tres-saincte Mere ; ne choisit-il pas celuy qui estoit le plus pur entre tous ses Apostres ? insinuant par cette action quels deuoient estre ceux qui se voudroient glorifier d'estre enfans de sa Mere. Lors mesmes qu'il pleut à Dieu la faire naistre dans le monde ; Fulbert remarque qu'il luy fist choix d'vn Pere qui portast le nom de Ioachim, c'est à dire, la preparation du Seigneur ; & d'vne Mere qui s'appellast Anne, c'est à dire, la grace : Termes vrayement correspondans aux vertus de leur ame : pour nous signifier que si tels auoient esté les Parens qui l'auoient mise au monde : quels deuoient estre les Enfans qu'elle deuoit produire au Ciel. C'est se mocquer, M^rs, que d'implorer l'ayde d'vn Sainct ; & contredire sa saincteté par vne vie meschante : C'est outrager la Vierge la plus pure des creatures ; de reclamer sa pieté par des paroles : & contester sa pureté par des mœurs corrompuës. Ce n'est pas tout que d'offrir des prieres : il faut premierement meriter qu'elles soient escoutées : afin qu'elles soient escoutées ; il se faut rendre agreable à la personne qu'on inuoque : afin de s'y rendre agreable ; il se faut conformer aux actions de sa vie. De maniere que c'est par là qu'il nous faut commencer ; par l'imitation de ses eminentes vertus : mais sur tout de ses Lys, & de sa pureté. Que si vous me demandez que c'est proprement que cette pureté : ie la definiray en vn mot en la mesme façon qu'Eustatius, le Lys, πᾶν ἄνθος, c'est toutes les Fleurs ; le Lys les comprend toutes : aussi la pureté est vne innocence de vie qui comprend toutes les vertus. Mais vne chose particuliere ay-je à vous demander pour la solennité de ce iour : c'est d'en accompagner la ceremonie auec toute la ferueur & la resioüissance interieure qu'il vous sera possible. Sainct Germain Patriarche de Constantinople, l'vn des plus deuots Seruiteurs qu'ait iamais eu la Vierge bien-heureuse, addressant sa parole à sa Saincte Maistresse, luy dit qu'il se resioüit de tous les efforts de son cœur, & que sa poictrine est trop estroite pour contenir sa ioye ; voyant toutes les Nations de la terre occuppées à chanter ses diuines loüanges, & à luy rendre des honneurs. Ainsi si vous auez quelque estincelle d'affection pour son seruice ; prenez vn singulier plaisir à voir si hautement éleuer en ce iour les trophées de sa gloire : conceuez vne resioüissance nompareille, de voir pour l'aduenir monter son seruice à vn si haut poinct ; & qu'en cette iournée elle acquiert autant de seruiteurs, qu'il y a en ce Royaume de fideles François, & fideles Chrestiens : C'est icy vn triomphe, il en faut banir la tristesse ; c'est vne pompe glorieuse, qui ne veut estre regardée qu'auec vn œil ioyeux. Que si telle sera la gloire que les hommes luy rendront dans la terre : inferez de là ie vous prie, quelle peut estre la gloire que les Anges luy rendent dans les Cieux. Ha, M^rs^, c'est là où ie vous conuie d'éleuer principalement vos pensées. Et puis qu'il faut qu'en ce discours ce soient les Roys de France qui vous donnent des instructions : practiquez desormais ce que fist Loüis le Debonnaire, lors que la charité de son Dieu l'eut deliuré de la cruauté de ses enfans : pour auoir tousiours deuant ses yeux vn object pareil à celuy qu'il auoit dans son ame : Il fist peindre vn Sceptre Couronné au milieu d'vn anneau, auec cette deuiſe; *Volo ſolidum & perenne* : I'en veux vn qui ſoit ſolide & eternel. Car il eſt vray que quand le Roy vous feroit preſent de ſon Sceptre qu'il offre maintenant au Ciel : ce n'eſt rien au regard de celuy que le Ciel vous offre : Mais ce Sceptre eſt planté au milieu d'vn anneau, qui vous ſignifie, M[rs], qu'on ne peut arriuer au bonheur Eternel, qu'en maintenant touſjours l'alliance auec ſon Dieu par vne ſaincte obeiſſance. Et moy m'aduertit (Monſeigneur) de jetter l'œil ſur cét Anneau celeſte que vous portez au doigt, qui nous donnera, s'il vous plaiſt, la benediction.

C'eſt M. l'Eueſque que ce mot s'adreſſe.

FIN.

SVR LA NAISSANCE DE MONSEIGNEVR LE DAVPHIN.

Fait le 15. Septemb. 1638. iour du *Te Deum.*

Iustus germinabit sicut Lilium, & florebit in æternum ante Dominum. Le Iuste germera comme le Lys, & fleurira en sa posterité eternellement deuant Dieu.

CE n'est pas vne petite gloire, ny vn leger contentement à nostre grand Monarque & à nostre vertueuse Princesse, de remarquer en vne mesme fleur le Seigneur qu'ils adorent, la Vierge Saincte qu'ils reclament, le Dauphin qui leur est donné, la France qu'ils gouuernent. Car en ce sacré Lys qu'ils portent en la main attaché à leur Sceptre, ils voyent tous ces pourtraicts: Le Seigneur qu'ils adorent, qui s'appelle le Lys des vallées : La Vierge Saincte qu'ils reclament, qui est le Lys entre les espines: La France qu'ils gouuernent, qui l'a en ses blasons: Le Dauphin qui leur est donné, qui est le sacré germe signifié par ces paroles, *Iustus germinabit sicut Lilium, & florebit in æternum ante Dominum;* Le Iuste germera comme vn Lys, & fleurira en sa posterité eternellement deuant Dieu. Mais ce qui leur doit apporter vne ioye indicible, & à tous leurs subjets vne consolation nompareille, est que ces diuerses figures associées en vne mesme fleur, font des presages glorieux des benedictions qui accompagneront inseparablement la personne de ce sacré Dauphin, & des tesmoignages euidents que la bonté Diuine le fauorisera de ses graces, La Vierge le protegera de ses sainctes prieres, la France luy rendra toute sorte d'obeïssance : Comme luy de sa part aura tousiours dedans son ame les respects pour son Dieu, la deuotion pour sa Mere, l'amour pour ses subjects. Tant de grandeurs & de bon-heur ne sont pas les ouurages de la seule nature, mais la magnificence & la liberalité du Ciel. Pourquoy chez le Prophete Ozée quand Dieu promet à Israël qu'il germera comme le Lys, il s'oblige premierement de seruir comme de rosée à sa production : *Ero quasi ros, Israël germinabit sicut Lilium.* Que si vous desirez cognoistre comment cette saincte rosée, laquelle est necessaire en toutes entreprises, peut estre meritée ; apprenez-le, M^{rs}, de la bouche d'vn autre Prophete, & de l'exemple de vos Princes. Isaye ne l'ose demander au Ciel qu'en conjurant la terre d'ouurir son sein & ses entrailles : Vos Princes ne s'addressent à Dieu sinon par l'entremise de la tres-Saincte Vierge. Afin donc d'obtenir celle dont nous auons besoin, supplions humblement cette tres-glorieuse Vierge d'ouurir & son sein par l'amour, & sa bouche par la priere, & l'en conjurons, s'il vous plaist, par le salut ordinaire, *Aue Maria.*

IE N'AVRAY point de honte de confesser que nostre ioye surmonte mes paroles ; puis que mesmes nostre bon-heur a surmonté nos esperances : Et croy que ce m'est vn sujet de gloire, plustost que de confusion ; d'auoir moins d'eloquence que de felicité.

C'est à la verité vne personne tres-agreable que celle d'vn Dauphin, & pour ses Augustes parents qui le regardent comme leur fils, & pour le peuple qui le reuere comme celuy qui doit vn iour porter le titre de son Pere : Mais le Sacré Dauphin que le Ciel a donné depuis quelques iours à la France, a pardessus les autres cét aduantage glorieux ; qu'on luy peut appliquer les termes de S. Zenon lors qu'il parle d'Isaac, *Ex tarditate dulcior, ex desperatione fœlicior* ; Que le longtemps qu'on l'a desiré rend sa naissance bien plus douce, & que le peu d'esperance que l'on auoit de l'obtenir promet sa vie bien plus heureuse.

Si donc il m'est permis de commencer par les contentemens de leurs sacrées Majestez : Ie trouue qu'à la verité ce sont deux belles qualitez en la personne d'vn Monarque, d'estre Seigneur, & d'estre Pere : mais qu'il semble que si la premiere est la plus honorable ; la seconde est neantmoins la plus agreable : Et s'il y a plus de grandeur à auoir des sujets ; il y a bien plus de douceur à auoir des enfans. Dieu mesme dans sa toute-puissance semble auoir preferé la qualité de Pere à celle de Seigneur : puis qu'il est Pere de toute eternité par la production de son Verbe ; & qu'il a commencé dans les temps à deuenir Seigneur par la production du monde.

Le premier des Ptolomées d'Egypte auoit le mesme sentiment : lors qu'apres auoir resigné sa Couronne à son fils, prenant la pique au lieu de Sceptre, il se mist par plaisir au nombre de ses soldats, & s'escria (au rapport de Iustin) à la face de toute sa Cour, *Omni Regno pulchrius Regis esse Patrem*, Il y a bien plus de delices, & ie me tiens plus honoré d'estre le Pere du Roy, que d'estre le Roy des sujets. Tellement que ie ne doute point que leurs sacrées Majestez ne reçoiuent tous les contentemens possibles de la glorieuse naissance de cét heureux Dauphin, lequel a adiousté à leurs qualitez tres-augustes vne denomination si douce : Car le fils, dit Tertulien, *nouum nomen Patris est*, Ce sont deux nouueaux noms qui arriuent, l'vn au Pere, l'autre à la Mere, lesquels iusques alors ne trouuoient point de bouche qui les peust proferer.

Mais pour la consolation que toute la France en reçoit : Certes, s'il est à desirer à vn Roy d'auoir vn enfant ; il est encore autant à craindre aux peuples qui sont les enfans, de n'auoir point de Pere : Crainte qui les saisit lors qu'ils aperçoiuent leur Prince sans posterité. Car alors l'apprehension d'vne calamité future ; contestant auec le plaisir d'vne felicité presente ; les oblige de s'escrier (auec des voix dautant plus fortes, que le Roy qu'ils ont est aimable, & son gouuernement florissant) *oportebat aut nunquam nasci, aut nunquam mori.* Qui estoient les acclamations que l'on faisoit iadis à Rome à l'Empereur Seuere ; qu'il falloit, ou que iamais il ne nasquist, ou que iamais il ne mourust : puis qu'il sembloit n'auoir paru au monde que pour ſe faire regretter. De laquelle apprehenſion la France ſe voyant maintenant deliurée par la naiſſance d'vn Dauphin : Qui s'eſtonne ſi toutes ſes Prouinces ſont remplies d'allegreſſe, & ſi l'air retentit par tout de loüanges à Dieu.

Toutesfois ce n'eſt pas ce que vous deſirez qu'on vous raconte voſtre ioye : vos entrailles qui la reſſentent vous l'expriment bien mieux que ne pourroit faire vne langue : & ie voy que pour vous contenter, vous ſouhaitteriez pluſtoſt vn Prophete qui vous prediſt le bon-heur de ſon Regne ; que non pas vn Predicateur, qui ſans en rien toucher, vous portaſt aux actions de graces enuers la bonté Diuine. Or quoy que ie n'aye pas en l'eſprit le don & les lumieres de Prophetie : neantmoins les circonſtances de ſa naiſſance, & les paroles que l'Egliſe me donne pour texte ; qui les a ramaſſées de diuers lieux de l'Eſcriture, & qui comme vn autre Iacob, s'en ſert pour benir ſes enfans : me ſemblent deſcrire ſi clairement tout le cours de ſa vie : que ie me peux promettre de contenter aucunement en ce ſujet voſtre curioſité : & d'augmenter en ce faiſant de plus en plus vos joyes, & vos loüanges enuers le Ciel.

S'IL EST VRAY que la plus part des Fables ſont des Philoſophies cachées, & que les Anciens pour rendre la verité obſcure, l'ont voulue reueſtir de l'habit de menſonge : Platon a mal Philoſophé, de dire que les deſtinées ſont filles de la neceſſité ; de laquelle elles ſont obligées de receuoir la loy, auſſi bien que la naiſſance. Ceux-là ont bien mieux rencontré, qui ont dit qu'elles eſtoient filles de Iupiter & de Themys : pour donner à entendre que si l'on pouuoit aduoüer quelque sorte de destinées; il leur falloit donner Dieu Eternel pour Pere, sa Iustice pour Mere : & que tout ce qu'on appelloit ordinairement de ce nom, n'estoit rien autre chose que les sacrez conseils de la Sagesse du Tres-haut, & de son equité : & qui pour cette mesme raison, logeoient les destinées dans vne cauerne fort sombre: parce que les iugemens Diuins, quoy que tres-equitables, sont incogneus aux hommes. Mais supposons qu'ils nous soient incogneus, tant qu'ils ont seulement pour Mere vne Themys dedans le Ciel ; Quand en outre il se rencontre dans la terre vne seconde Themys pour les produire, & qu'à la Iustice de Dieu respond la probité & la iustice des parents : C'est alors que les destinées des enfans (s'il est permis d'vser seulement de ce nom) deuiennent manifestes: & qu'on ne peut plus ignorer quel sera l'enfant ; lors que l'on void ses Pere & Mere porter le nom de Iustes. Cette verité est fondée sur l'Oracle du S. Esprit, qui nous tient ce discours par la bouche de son Eglise, *Iustus germinabit sicut lilium, & florebit in æternum ante Dominum*, Le Iuste germera comme le Lys, & fleurira pour iamais en sa posterité deuant la face du Seigneur. Que si cette parole & cette comparaison regardent tous les Iustes : C'est principalement celuy qui tient dedans sa main cette diuine Fleur à laquelle il est comparé, & qui est Roy des Lys. Mais si entre les Roys des Lys elle s'addresse particulierement à quelqu'vn ; c'est certes à celuy qui s'est acquis par ses merites la qualité de Iuste : *Iustus germinabit sicut lilium, & florebit in æternum ante Dominum* : Loüis le Iuste germera tout ainsi que le Lys, & fleurira tousiours en Dieu par sa posterité. Nom admirable, M^rs, qui contient l'abregé de la vie du Pere, & de la vie du Fils: dit les vertus que l'on a desia cogneuës en l'vn, & qu'on espere en l'autre: & descrit en vn seul mot la bonté du premier, qui luy a merité ce titre: & la benediction du second, qui la reçoit à sa faueur. Iusques icy, M^rs, nous auions bien remarqué que ce nom estoit vne histoire: mais nous n'auions pas recogneu que ce fust vne Prophetie: Nous sçauions assez qu'il nous representoit l'equité de nostre grand Monarque: mais nous ne considerions pas qu'il nous insinuoit les esperances de son Dauphin: Mais auiourd'huy que la prediction se trouue sainctement accomplie: Ie commence à entrer en doute, s'il a dauantage exprimé vne vertu presente, qu'vne vertu future.

Ouy, Grand Prince, ie le diray, & i'exciteray en ce iour entre vostre Majesté & vostre bien-heureux Dauphin, cette glorieuse jalousie ; qui ne peut estre que tres-agreable aux affections d'vn Pere : Que ie ne sçay si le titre de Iuste, qui honore vostre personne autant que vostre Regne, est plus l'Eloge de vostre pieté, que de vostre posterité: & si Dieu vous l'a imposé par la bouche de vos sujets, plus pour signifier l'excellence de vos merites, que pour signifier l'effect de ses promesses.

Mais peut-estre, M[rs], que vous ne conceuez pas encore assez la force de ce nom, & les predictions qui luy sont attachées. Considerez donc, s'il vous plaist, ces diuines paroles : & vous verrez qu'elles contiennent, outre la fecondité du Pere ; les vertus & les mœurs de sa posterité : *Iustus germinabit sicut lilium*, le Iuste germera comme le Lys; c'est la prediction de la fecondité du Pere : *Florebit in æternum ante Dominum*, il fleurira par sa posterité eternellement deuant Dieu ; c'est la vie de son Dauphin, & de ceux qui en prouiendront. Voire si vous prenez la peine de peser tous les termes, vous y pourrez remarquer autant de Propheties que de paroles: Car supposant, comme il est vray, que par les fleurs se doiuent entendre les enfans : Ainsi que le verifie cét autre texte de l'Escriture, *Egredietur virga de radice Iesse, & flos de radice eius ascendet*, De la racine de Iessé sortira vne tige & vne fleur tres-excellente, & que l'action de germer n'est autre que la production, Que peut-on recueillir de ces trois mots, *Florebit in æternum ante Dominum*, sinon trois Propheties ; L'eternelle durée de sa posterité : La perpetuité de cette Monarchie: La sainctеté qui accompagnera les personnes de ses enfans. *Florebit* ; sa posterité sera tousiours florissante : N'est-ce pas vne marque qu'elle aura tousiours le Lys en main, & qu'elle portera continuellement le Sceptre ? *In æternum* ; toute l'eternité : N'est ce pas là vne asseurance de la perpetuelle durée de cette Monarchie ? *Ante Dominum* ; deuant la Majesté Diuine : N'est-ce pas tesmoigner que ses enfans marcheront tousiours dans les voyes du Seigneur, & qu'ils ne manqueront iamais de faire hommage de leur grandeur à cette souueraine Couronne ?

Toutesfois, retranchons nos paroles dans la personne de cét heureux Dauphin, duquel nous benissons auiourd'huy la naissance.

QVAND donc ie considere attentiuement ces paroles : i'y apperçois trois merueilles qui le regardent : celle de sa de sa Naissance : de son Regne : & de sa Vertu. Car i'y voy sa Naissance miraculeuse : son Regne florissant : sa Vertu estonnante. Sa Naissance miraculeuse, puis qu'elle a le Lys pour figure ; *Iustus germinabit sicut lilium* : Son Regne florissant, puis qu'il a pour tesmoin & pour Prophete, ces paroles; *Florebit in æternum*, il florira tousiours. Sa Vertu admirable, veu qu'elle attirera non seulement les yeux des hommes, mais les affections de son Dieu; *Ante Dominum*, deuant le Seigneur.

Excellentes promesses, & qui n'auroient besoin d'autres preuues pour les confirmer, que de la seule bouche qui les a proferées : mais afin de contenter dauantage vos desirs, il faut que i'y adiouste tout ce que ie peux recueillir des circonstances de sa Naissance.

LE LYS n'a garde de demeurer sterile, puis que ses larmes mesmes luy seruent de semence: *Alba lilia*, dit Pline, *iisdem seruntur modis quibus rosæ; & hoc amplius, lachrimâ suâ.* Cette Fleur, qui est si feconde qu'vne mesme racine (comme atteste le mesme Autheur) produit quelquesfois iusques à cinquante bulbes, se seme tout ainsi que la Rose; mais elle a cela d'auantage, qu'il n'est pas iusques à ses larmes qui ne luy seruent de semence. Ie voy desia, M^rs^, que vos pensées deuancent mes paroles, & que vous estes plus prests à me dire ce que signifient ces termes, *Iustus germinabit sicut lilium*, qu'il ne m'est necessaire de vous le faire entendre: Sçauoir, que la feconditeé du Iuste est vrayement admirable, veu mesme qu'il est capable d'enfanter par les yeux, & de faire venir vn Dauphin du Ciel par ses gemissemens, si la nature le luy refuse dans la terre. C'est ce que nous voyons heureusement arriué és personnes de nostre grand Monarque, & de nostre Auguste Princesse: desquels on peut dire, comme des parens de S. Iean: *Erant Iusti ambo ante Deum, incedentes in omnibus mandatis Domini, et non erat illis Filius*: Tous deux estoient Iustes deuant Dieu, comme en effect, ils en portoient le nom deuant les hommes, mais n'auoient point de Fils. La Nature donc, ou plustost le Conseil de la prouidence Diuine, leur ayant quelque temps refusé le bon-heur de la fecondité, ils se sont souuenus que les Iustes germent comme les Lys: ont eu recours aux larmes, & aux actions de pieté; & ont tiré du sein de Dieu, ce qu'ils ne pouuoient arracher du sein de la nature. Que vos Majestez ne s'offensent point si ie leur attribuë des larmes : puis que la pieté a les siennes, aussi bien comme la foiblesse : & que celles qui sont espanchées deuant les yeux de Dieu, ne sont pas les argumens d'vne honteuse lascheté ; mais les indices & les efforts d'vne deuotion feruente. Quand Hildebert veut consoler vne Reine sterile, il vse de ces termes : *Fortassis ideo Dominus clausit vterum tuum, vt progeniem adoptares immortalem : Quod si ita est, attende sterilitatem carnis, animæ quæstum esse non dispendium, gloriam non confusionem, beneficium non flagellum : fœlicius enim est fœcundam esse spiritu, quam carne :* Peut-estre, dit-il, que Dieu tout exprés vous a renduë sterile, afin que vous peussiez adopter des enfans immortels : Que s'il en va ainsi, souuenez-vous que la sterilité de la chair est la fecondité de l'ame : Qu'estre priué d'enfans ; c'est vne gloire, & non pas vne confusion ;

vne faueur, & non vn chastiment; parce qu'il est bié plus glorieux d'enfanter de l'esprit, que de produire de la chair. Ie sçay que par ces paroles, il entend les aumosnes qui sont données aux pauures: mais ie ne laisseray pas de m'en seruir pour establir cette pensée; que Dieu semble n'auoir permis cette infecondité pour vn temps; qu'afin qu'ils eussent cét honneur d'enfanter plus par leur esprit, que nõ pas par leur corps; de tirer vn Dauphin du Ciel, plustost que de leur chair: & afin en vn mot qu'ils peussent adopter vn Sainct que leur deuotion obtiendroit de ses eternelles Idées, *Vt progeniem adoptarent immortalem.* Que desormais donc, ô Grand Prince, & Tres-excellente Princesse, ce Lys que vous portez en main planté au bout de vostre Sceptre, ne soit pas simplement l'Image de vostre authorité;

mais de vostre fecondité : & que là, vous voyez non point seulement le pouuoir que vous auez dessus vos peuples par vostre Majesté ; mais celuy mesme que vous auez sur le cœur de nostre Seigneur par vostre pieté.

Or pour affermir dauantage cette verité, qui est si importante à ce Sacré Dauphin, si glorieuse à ses Tres-augustes Parens, si aduantageuse à la France: Permettez que i'employe vne preuue qui estoit jadis familiere à nos Roys lors qu'ils se preparoient à la guerre: Qui estoit d'ouurir les Euangiles, & autres liures de l'Escriture, apres quelques prieres, afin de pouuoir recognoistre, par les premiers passages qui s'y rencôtreroient, qu'elle en pourroit estre l'yssuë: ou mesmes de tirer vn pareil argument des premieres paroles qu'eux ou leurs deputez entendroient fortuitement chanter en entrant en l'Eglise. Vous auez des exemples de la premiere façon, chez S. Gregoire de Tours, lors qu'il parle de la guerre de Clothaire contre son fils Chramne; de Meroüée qui fuit deuant son pere Chilperic; & chez Theophanes lors qu'Heraclius Empereur poursuit Cosrhoës Roy de Perse: Et de la derniere façon, le mesme sainct Gregoire de Tours vous en donne vn tres-illustre exemple en la personne de Clouis, auant qu'il combatte Alaric. Vsant donc de la mesme preuue, & considerant les paroles qui estoient en la bouche de la Saincte Eglise à la venuë de ce Dauphin: Ie voy, M^rs, que l'Euangile qui se lisoit alors, estoit comme vn Tableau de ce qui se passoit en cette bien-heureuse Naissance. Car vous y remarquez vne Mere qui rendoit par ses larmes la vie à son enfant, lors que nostre Seigneur fut tellement touché d'entendre ses gemissemens, & de la troupe qui la suiuoit, qu'il le resuscita. L'Eglise Saincte tenant donc alors ce discours : & Dieu faisant naistre ce bien-heureux Dauphin au iour que l'on lisoit cét Euangile : N'estoit-ce pas signifier à la France, qu'en le donnant, il exauçoit les larmes de sa Mere, & les vœux de son Pere ; & qu'il resuscitoit toutes nos esperances?

Mais s'il en faut venir au particulier de leurs deuotions : ie trouue à la verité que ce Dauphin est le present d'vn Dieu : mais qui nous a esté apporté par les mains de la Vierge : & que nous luy deuons donner, auec autant de verité & d'admiration, le nom de *Dei-genitricius*, enfanté par la Mere de Dieu, que Nicetas le defere par moquerie à vn certain Leontius, designé Patriarche de Constantinople peu d'années auparauant que nos François y establissent leur Empire. Et par effect, M[rs], la Mere de nostre Dauphin ayant erigé en Nostre Dame de Paris vn Autel dans la Nef : & son Pere vn autre dans le Chœur : Que restoit-il, sinon qu'ils eussent vn Isaac pour le sacrifier ? Et de qui le pouuoient-ils attendre, sinon de celle soubs le nom de laquelle ils auoient éleué ces Autels magnifiques, & qui leur demandoit cette sacrée Hostie ? Mais Hostie bien-heureuse : de laquelle on peut dire ce que dit S. Zenon Euesque de Verone de la personne de cét Isaac ; *Ad fidem à Domino poscitur, à parente perducitur, sed hostia non sanguinis, sed salutis* : Dieu le demande, les Parens l'offrent, c'est pour estre vne Hostie, non pas de sang, mais de salut ; non pour perdre la vie, mais bien pour receuoir la benediction du Ciel D'où noſtre tres-vertueuſe Anne ne peut qu'elle ne remporte, auec noſtre Iuſte Loüis, vn aduantage pareil à celuy de cette Anne Mere de Samuel; *Quæ tali immolato ſacrificio, reuerſa domum quinque liberos genuit, quia primogenitum Deo pepererat*: (dit S. Hieroſme) qui en ſuite d'vn tel ſacrifice produiſit cinq enfans, parce qu'elle auoit conſacré le premier à ſon Dieu.

Et afin que ces veritez ne puiſſent eſtre conteſtées, non pas meſmes par les Aſtrologues : (ſans neantmoins rien deferer à leur Art, qui à plus de vanité que de verité, & leurs Horoſcopes plus de tromperie que de ſcience) Conſiderez le ſigne, & le iour qu'il eſt venu au monde.

Ce fut vn preſage pour noſtre grand Monarque, qu'il porteroit quelque iour la qualité de Iuſte; de ce qu'il naſquit ſous le ſigne de la

Balance : Et auiourd'huy que nous voyons naistre son Dauphin soubs le signe de la Vierge; Qu'en deuons-nous conclure, sinon que c'a esté la Vierge glorieuse qui nous l'a procuré? Celuy qui est Iuste doit porter la balance en la main, & la soustenir par le haut: Pourquoy il fallut que Loüis le Iuste prist naissance dés le commẽcement de ce signe: Mais cét heureux Dauphin commençãt à paroistre au milieu du signe de la Vierge; Qu'en peut-on inferer, sinon qu'elle est vrayement sa Mere; puis qu'on le void sortir du milieu de son sein?

Toutesfois la consequence est bien plus asseurée, & bien plus glorieuse; lors que nous considerons sa Naissance entre le coucher & le leuer de cette Saincte Vierge: ou plustost entre ses deux vies, l'eternelle qu'elle a acquise au iour de son Assomption, la temporelle qu'elle receut au iour de sa Natiuité. Charles IX. tira vn argument de la briefueté de son Regne, & des troubles qui l'accompagnerent; de ce qu'il prist les resnes de cette Monarchie, entre l'Eclypse du Soleil, & celle de la Lune; dont la premiere arriua le 21. Aoust de l'an 1560. la seconde le 15. de Iuillet de l'an 561. ce qui luy fist prendre cette deuise, *Inter Eclypses orior*, Mon Regne & ma grandeur prend naissance entre deux Eclypses. Mais que doit dire nostre Dauphin, qui reçoit la naissance entre ces deux solemnitez de la tres-saincte Vierge: qui est precedé & suiuy de la gloire de celle à qui la pieté de ses Parens l'a desia consacré.

Que si vous desirez encore considerer le iour: c'est en vn Dimanche qu'il commence à paroistre en ce monde: Iour que l'antiquité profane auoit consacré au Soleil : mais que la Trinité Adorable a rendu tres illustre par ses plus excellens ouurages : Le Pere a en ce iour produit la plus noble des qualitez, sçauoir la lumiere : Le Fils l'a choisi pour le iour de sa gloire & de sa Resurrection triomphante : Le bien-heureux S. Esprit l'a éleu pour le iour de sa descente. Que doit-on obseruer de toutes ces circonstances, sinon que c'est vn Astre lumineux qui paroist dans la terre vn Prince qui vient moissonner les victoires & les triomphes : & qui aura l'ame ornée de tous les dons du sainct Esprit. Mais que dirons-nous encore, si nous escoutons les Eloges que S. Ignace donne à cette iournée, qu'il appelle τὴν βασιλίδα τὴν ὕπατον πασῶν τῶν ἡμερῶν, La Reine & la Princesse de toutes les iournées : sinon que ce Dauphin tiendra le mesme rang entre les

Princes de la terre, que fait le iour de sa Naissance entre les iours qui composent les années & les siecles.

Et qui plus est, ne remarquez-vous point qu'il naist trois sepmaines apres la consecration solennelle du Royaume de France : comme pour monstrer par ces trois sepmaines, que c'est vn œuure tres-parfait de l'Adorable Trinité : & par la triple multiplication de ce nombre de sept, l'abondance des dons & des graces du bien-heureux Esprit.

OR ce n'est icy que le germe : voyons vn peu les fleurs : *Iustus germinabit sicut lilium, florebit in æternum* : Le Iuste germera comme le Lys, & fleurira pour iamais en sa posterité.

Tout ce que le Prophete Roy desire à son fils Salomon, afin de rendre de tout poinct son Regne florissant, (dans le Psalme 71. qu'il a composé sur ce sujet) est que l'equité & la generosité partagent tellement les soins de son Estat, que la premiere en prenne la conduite, & la seconde la deffense. Charlemagne l'vn des plus grands Princes qu'ayt iamais veu la France, & auec elle l'Vniuers; pour monstrer que ces deux qualitez se doiuent rencontrer en la personne d'vn Monarque, fist grauer le cachet ou le sceau duquel il scéelloit ses Edits sur le pommeau de son espée: afin de faire voir que dans la personne du Prince, la Iustice & la Force ne se doiuent point separer; & qu'il faut que la Loy se trouue dans sa main aussi bien que l'espée: l'vne pour regir ses sujets; l'autre pour repousser & surmonter ses ennemis: si ce n'est qu'on y veüille ioindre vne autre raison, (qu'il en donnoit) que c'est l'effect &

le deuoir d'vne mesme puissance, de prescrire les Loix, & de les faire obseruer : *Eiusdem enim esse dicebat & confirmare, & defendere leges.* La premiere vertu donc requise en vn Monarque est la Iustice : qui n'est pas seulement vne espece de probité, dit le docte Tertulien, mais en est la Tutrice, *non solum species, sed tutela bonitatis.* Tellement conuenable à nos Lys de France ; qu'au tesmoignage de Suidas, cette diuine fleur chez les Grecs a emprunté son nom des actions de la Iustice : κρίνον, ἀπὸ τοῦ κρίνειν. Et par effect, Considerez vn peu les armes de nos Roys au iour de leur plus grande pompe : ils ont le Sceptre en vne main, en l'autre la main de Iustice : la droite comme la plus forte soustient le poids du Sceptre : la gauche comme la plus proche du cœur cette main de Iustice : L'authorité paroist dedans la droite comme

comme la plus puiſſante : l'equité paroiſt dedans la gauche comme la plus amoureuſe : Bref, c'eſt pour faire entendre à leur peuple que la Iuſtice eſt de toutes les vertus Royales celle qu'ils preferent & qu'ils cheriſſent dauantage. Mais ce n'eſt pas aſſez pour la perſonne d'vn Roy d'eſtre grandement Iuſte, s'il ne ſe monſtre tres-genereux : qu'il aye l'equité, s'il n'y adjouſte le courage : dautant qu'il n'a pas ſeulement ſon peuple à gouuerner, mais ſes ennemis à combattre : & luy eſt neceſſaire pour ſe rendre de tout poinct glorieux, qu'autant que ſes ſujets reuerent l'authorité de ſes Loix, ſes ennemis redoutent les efforts de ſes armes. C'eſt pourquoy ie ne puis approuuer l'inuention ny la penſée d'Antonin le Debonnaire, qui fiſt peindre vn foudre couché deſſus vn lict, voulant dire que ſa cholere dormoit d'vn ſi profond ſommeil, qu'elle ne ſe pouuoit reſueiller. Nos Roys ont bien plus ſagement ſeparé le lict & le foudre : donnant le lict à la Iuſtice pour rendre ſes Oracles auec vn eſprit fort tranquille, & ſans aucune paſſion : Et le foudre à la guerre pour abattre courageuſement l'orgueil de ceux qui les attaquent. Mais diſons bien pluſtoſt que pour la guerre ils font marcher le lict auec le foudre ; en mariant touſiours l'equité auec la puiſſance, & la Iuſtice auec les armes : & ne faiſant iamais la guerre que pour arriuer à la paix. De vray en vſer autrement, c'eſt ſe monſtrer cruel, & non pas genereux : C'eſt monſtrer qu'on aime le ſang, & non pas la vertu. L'antiquité fabuleuſe a mis entre les mains d'Hercule pour conquerir le monde vne Maſſuë de bois : encore a elle voulu que ce ſoit du bois d'Oliuier, qui eſt le ſymbole de la paix: pour teſmoigner que c'eſt la principale conqueſte que ceux qui arment ſe doiuent propoſer; & qu'on ne doit iamais penſer à entreprendre la fureur de la guerre, qu'autant qu'il eſt vtile pour acquerir ou conſeruer la douceur de la paix. Et dans le texte ſacré, ne remarquons-nous pas que ceux qui ont les Palmes en la main ſont reueſtus de blanc, *amicti ſtolis albis & Palmæ in manibus eorum*: pour faire entendre qu'ils ont tellement conſerué la Iuſtice parmy les armes; qu'ils ſont reuenus du combat auec leur innocence, & que le ſang de leurs ennemis n'a point eſté capable de ternir la blancheur & la pureté de leur ame.

Or c'eſt de ce Sacré Dauphin, que nous auons particulierement à eſperer qu'il mariera touſiours la Iuſtice auec la vaillance: & qu'il aura touſjours la conſcience auſſi entiere comme le courage inuincible. Dont il ne nous faut point rechercher de plus fortes preſomptions ; que les experiences que nous en touchons en ſon Pere, qui poſſede ces deux vertus auec tant d'eminence, qu'il ne ſe peut pas faire qu'il luy aye fait part de ſon ſang, qu'il n'en ayt jetté quant & quant les ſemences dans ſon eſprit. Grand Monarque, qui ayant les mains remplies de Palmes que ſa vaillance a moiſſonnées dans toutes ſes conqueſtes ; aime mieux neantmoins porter le nom de Iuſte, que le titre de Victorieux : preferant ſainctement la vertu de ſon ame à celle de ſon bras ; & ſignifiant hautement, que ſi par aduenture il a des armes en main, il n'a point toutesfois de penſées en l'eſprit ſinon celles de la Iuſtice.

O bien-heureux Dauphin qui auez

vn tel Pere, & n'auez point encore de nom ; Comment vous puis-ie maintenant appeller, voyant tant de miracles dans les personnes sacrées qui vous ont engédré. Tátost ie considerois vostre Mere nostre gráde Princesse comme vne tres-chaste Colombe, qui vous donnoit la vie par ses pieux gemissemens : Et considerant maintenãt en vostre Pere nostre tres-glorieux Auguste cette generosité inuincible, qui le rend vn foudre en la guerre, qui tonne & se fait entendre par tout l'Vniuers (comme il est vn Lys dans son Throsne par la candeur & l'integrité de sa Iustice au milieu de ses sujets.) Quels noms vous puis ie donner, que ceux-là mesmes que la bouche de mon Sauueur a departis à ses plus fauoris Disciples ; lors qu'il a nommé l'vn l'enfant de la Colombe, & les deux autres les enfans du Foudre & du Tonnerre: & ce auec bien meilleure raison, que non pas aux Roys de la Chine, qui se nomment les enfans du Foudre, sans autre titre que celuy de leur ambition.

Mais si vous desirez tirer des preuues du temps de sa Naissance: Considerez, ie vous supplie, comme il naist entre le signe du Lyon, & le signe de la Balance: pour monstrer qu'il participera également de ces deux qualitez: & qu'il tiendra pour le regard de ses sujets la Balance en la main, & sera vn Lyon qui donnera la chasse aux ennemis de son Estat.

Mais quand passant outre ie voy qu'il prend Naissance au declin de la Lune: Ie ne puis que ie ne conçoiue vne ferme creãce que ce sera ce sainct enfant qui portera l'impieté & l'Empire de Mahomet quelque iour au Tombeau; & qu'il se peut bien asseurer qu'il est à son declin. Car vous sçauez que Mahomet a choisi pour les blazons de son Empire vn Croissant d'argēt, & ordōné que ses armées cāpent en demie Lune. Ce Dauphin donc naissant au declin de la Lune; Ne nous monstre il pas que l'impieté de l'Alcoran est venuë à sa fin, & que c'est ce genereux Enfant duquel ils ont iusques icy redouté la Naissance; tenans pour certain parmy eux, que leur Monarchie sera destruite par la main d'vn Prince François; & que sa pieté rendra la sainctеté qu'ils ont volée à nos Eglises, en les changeant en des Mosquées. Et de fait, à qui appartient-il, sinon à vn enfant de se mettre en possession de l'heritage de ses Parens? A qui appartient-il qu'à vn Fils de venger l'iniure de sa Mere? Vous auez tantost remarqué que ce Dauphin est l'Enfant de Marie: Et les

Histoires nous apprennent que la ville de Constantinople s'appelle la Cité de la Vierge; par ce qu'elle luy fut dediée par Constantin qui la bastit. De qui donc deuons-nous esperer cette illustre victoire; que de nostre Dauphin, qui estant l'Enfant de la Vierge, merite certes de rentrer en possession de sa maison; estant son Vice-Roy, doit arracher d'entre leurs mains les Téples qu'ils luy ont rauis: & qui venant du Ciel, a apporté auec soy la commission & les forces pour vne si glorieuse entreprise. Voire ie diray plus, qu'il semble que nostre S. Loüis l'a enuoyé au monde auec le Colier de sō Ordre pour acheuer, ou disons mieux, pour renouueller ses conquestes. Car lors qu'il resolut de passer en Afrique, il institua l'Ordre du Nauire dōt le Colier estoit entrelassé de Coquilles & de Croissans d'où pendoit vn Nauire pour tesmoigner qu'il s'ēbarquoit à dessein seulement de destruire la demie Lune de Mahomet. Si bien que ce Dauphin naissant au declin de la Lune ; semble en quelque façon porter le Colier de cét Ordre, & n'estre enuoyé dans le monde que pour mettre à effect cette genereuse entreprise. De vray, il eust fallu à ce grand Sainct vne seconde vie, pour arriuer à bout d'vne si glorieuse conqueste : & c'est pourquoy, au lieu qu'il auoit pris le Colier de cét Ordre sur le point de sa mort, Il semble l'auoir voulu donner à ce Sacré Dauphin au poinct de sa Naissance : afin de faire entendre que si Dieu luy auoit donné la gloire d'vn si grand project : il auoit reserué à celuy qui naist en nos iours l'honneur de l'executiō. Aussi sont-ils tous deux les enfans de la Saincte Vierge. Car comme q̃ont esté ses prieres qui nous ont dõné ce Dauphin : ainsi ne fut iadis son intercession, qui procura à ce Royaume la Naissance de S. Loüis. Ferdinand de Castille l'atteste en ses Chroniques, que Blanche femme de Loüis VIII. eut recours à la Mere de Dieu afin de l'obtenir : Ce qu'elle luy promist, par la bouche de S. Dominique, lequel viuoit pour lors, pourueu qu'elle aduançast la deuotion de son Rosaire. Et à la verité il estoit plus que raisonnable qu'elle trauaillast de son costé, autant qu'il luy seroit possible, pour faire fleurir ses roses : puis qu'elle la supplioit d'employer ses Sainctes prieres, pour faire fleurir les Lys de France. Or si vn pareil bonheur arriue à ce beny Dauphin : & si vous voyez mesmes qu'il naist vn premier Dimanche du mois, iour cõsacré au sainct Rosaire : N'est-ce pas pour signifier qu'il a la mesme Mere que le grãd S. Loüis? qu'il nous vient par la mesme voye? qu'il aura les mesmes desseins? qu'il poursuiura les mesmes entreprises? & que la mesme saincteté fleurira dans son ame? *Florebit in æternum.*

TOVTESFOIS il ne suffiroit pas de tenir ce discours; si on n'y adioustoit encore ces dernieres paroles, *ante Dominum*, deuant la face du Seigneur. Car que sert de paroistre beaucoup deuant les yeux des hommes, & d'estre abominable deuant les yeux du Createur: d'attirer à soy l'admiration des mortels par vn faux esclat de vertu: & d'attirer sur soy les foudres & l'indignation du Ciel par l'enormité de ses crimes. C'est iustement fleurir, dit S. Ambroise, à la façon du Meurier, dont les fleurs sont extremement blanches: mais puis apres se conuertissent en des fruicts extremement noirs. De maniere qu'il est necessaire, pour comble du bonheur de cét heureux Dauphin, de ioindre au courage & à la Iustice qui accompagneront son Regne; la pieté qui reluira en toutes les actions de sa vie.

Chaque condition, Mrs, à ses offices separez; & les fonctions sont diuerses selon que les professions sont differentes: mais pour la pieté, c'est l'office de tout le monde; & il n'y a point dans la terre de condition & de fortune, ny si haute, ny si raualée, qui se puisse exempter de ses diuines fonctions. Cecy estoit assez viuement exprimé en l'ancienne Loy, ou toutes les Tribus estoient tellement distinguées, qu'il n'estoit pas permis de prendre femme ailleurs qu'en sa propre Tribu. Il n'y auoit que la seule

Tribu de Leui, qui estoit la Sacerdotale & consacrée au seruice de Dieu; auec laquelle toutes les autres se peussent allier: Ce qui arriuoit plus communément à la Race Royale: pour monstrer que personne n'est exclus des deuoirs de la Religion; & sur tout qu'il appartient aux Roys d'espouser la deuotion, & de faire alliance auec la pieté. Comme de vray, il semble qu'ils doiuent dautant plus de submission à leur Dieu; que moins ils en doiuent aux hommes; & que n'estans point obligez de faire part de leur obeissance à aucune personne: Ils la doiuent offrir entiere au Monarque de l'Vniuers. Ce sont à la verité les deux Poles de l'Estat, que la Pieté & la Iustice, Comme disoit l'Empereur Auguste: C'en sont les deux Colomnes, comme disoit l'vn de nos Princes, qui les prist pour deuise, *Pietate*

& Iustitia : Mais il faut que la pieté prenne le pas deuant, & que les Princes se souuiennent qu'ils sont plus redeuables à leur Seigneur, qu'à leurs sujets : au Dieu qui leur commande, qu'aux peuples qui leur obeissent. Comme ces anciens Senateurs de Rome, qui estans entrez au Senat sacrifioient auant que dire leur aduis : iugeans qu'il estoit raisonnable de rendre les deuoirs à Dieu premierement, & puis aux hommes ; & que les fonctions de la Religion, precedassent celles de la Iustice. Or s'il y a Monarques dans la terre qui espousent la pieté : Ce sont nos Roys, Mrs, qui viennent receuoir leur Couronne au pied des Autels : qui ne prennent le Sceptre, qu'en rendant leurs hommages à la Diuine Majesté : qui au iour de leur Sacre, n'ont pas si tost receu l'espée ; qu'ils en font vne offrande,

& la deposent sur l'Autel : sacrifians par cette action à la grandeur Diuine, non seulement la vertu de leur ame, mais la puissance de leurs armes : & tesmoignans qu'ils sont plus disposez de venger les iniures qui seront faites à la pieté ; que celles qui pourroient estre faites à leur authorité : & que s'ils sont armez ; c'est plus pour la deffense de la Religion, que de leur propre Sceptre.

Que si nous auons iusques icy remarqué les exemples de cette verité és personnes de tous nos Roys : nous en deuons particulierement attendre les effets en ce Sacré Dauphin : Sa Naissance miraculeuse ; les noms Augustes de ses Parens ; l'excellence de leurs Vertus, & de leurs sainctes actions ; nous en rendent des tesmoignages si euidens & si sensibles ; qu'il est plus necessaire d'auoir des yeux pour les considerer, que des oreilles pour en entendre les consequences.

Tous ceux qui viennent en ce monde par des voyes si extraordinaires ; ne peuuent qu'ils ne soient des hommes au delà du commun : vne saincte Naissance ne peut qu'elle ne soit suiuie d'vne vie tres-saincte : & comme leur origine a esté merueilleuse ; il faut que leurs actions approchent du miracle. Parcourez tous les temps, & voyez tous les aages : autant que vous y trouuerez de personnages de cette sorte : autant vous y verrez de tesmoins de cette verité, & de portraits de ce Sacré Dauphin. Quel a esté autresfois vn Isaac entre les Patriarches ? vn Samson entre les robustes ? vn Samuel entre les Iuges ? vn S. Iean Baptiste entre les Prophetes ? & la tres saincte Vierge entre toutes les creatures ? Voire si vous voulez que

que i'y adiousstes l'exemple de nos Roys ? Quel a esté vn S. Loüis entre les Monarques de France? Et partant dans la veuë des rares excellences que cette Naissance benie nous promet : nous deuons conclure, pour tout le temps que nostre grande Princesse est demeurée infeconde, comme S. Pierre Chrysologue sur vn autre sujet: *Sterilitas ista non erat maledicta, sed mystica: in qua partus non ablatus, sed dilatus; non erat pignori clausa, sed tempori; celebatur tẽpore, virtute serebatur.* C'estoit vne sterilité qui n'estoit pas infortunée; mais qui estoit mystique; qui ne refusoit pas vn enfant, mais qui le differoit : qui ne nous denioit pas vn Dauphin; mais qui nous demandoit du temps & des prieres. Car il falloit du temps, Mrs, pour l'accomplissement d'vn si parfait ouurage : il falloit beaucoup de prieres, pour semer la vertu qui deuoit estre dans son ame : *Vt in filio singulari tota fœcunditas pensaretur, quando in vno nasceretur numerositas congesta virtutum*; afin que dans ce seul enfant se trouuast renfermé tant de bon-heur : qu'il fust capable d'estre compensé à toute la benediction qui se peut esperer d'vne nombreuse fecondité ; lors qu'on verroit naistre auec luy l'assemblage de toutes les vertus.

Que si vous éleuez vos pensées sur les noms venerables de ses tres-Augustes Parens ? ils vous presenteront encore des augures de sa pieté. Car que pouuoit-il prouenir de la personne de Loüis le Iuste, que la saincteté & la Iustice ? Et que pouuoit-on attendre d'vne vertueuse Anne, qu'vn portrait de Marie ? Le nom de Iuste nous confirme que Dieu demeurera tousiours auec ce Celeste Dauphin : *Dominus in generatione iusta est*; (disoit vn Prophete Roy.) Nous arreste que c'est la semence qui doit estre arrousée des benedictions du Ciel : *Semen cui benedixit Dominus*, (ce sont les termes d'Isaye.) Mais que ne promet point le glorieux nom d'Anne ? Autresfois il a produit à la Iudée vn Iuge, vn Gouuerneur, & vn Prophete tout ensemble, en la personne de Samuel : Il a donné à l'Vniuers la Mere d'vn Sauueur, en la personne de Marie : Il a donné vn Fils à Tobie, dont les Anges eurent vn tel soin, que Raphaël, l'vn des premiers d'entre eux, l'alloit conduisant par la main : A donné à Constantinople vn second sainct Estienne, qui nasquit (dit sainct Iean Damascene chez Surius) par les prieres de la Vierge. Et partant, de là inferez quel peut-estre ce Sacré Dauphin, que ce nom bien-heureux donne maintenant à la France. Noms à la vepire tres-saincts & tres-heureux; qui seuls furent choisis pour estre spectateurs, & si i'ose dire, instrumens de la presentation de Nostre Seigneur dans le Temple; & pour Prophetiser alors la Redemption des hommes; d'autant qu'en l'Escriture nous n'en voyons point d'autres, qui ayent possedé ce bon-heur, qu'vn Simeon qui portoit le surnom de Iuste, & la Fille de Phanuel qui portoit le nom d'Anne. Tant il est vray que ces noms ne sont employez qu'aux hautes entreprises: Tant il est asseuré que quand ils sont associez, ils prophetisent des grandeurs qui ne se peuuẽt exprimer.

Toutesfois qu'est-ce que des noms, au prix des actions: qu'est-ce que d'vne simple voix, aupres de la vertu. Quand S. Ambroise considere que l'Escriture Saincte releue les esperances de la Naissance du grand S. Iean

Baptiſte, par les Eloges de la vertu de ſes Parens: il en donne cette raiſon; Que l'Euangeliſte a deub ainſi deſcrire la pieté du Pere & de la Mere: afin que l'on viſt qu'elle n'eſtoit pas nouuelle en la perſonne de l'enfant; mais hereditaire à ſa race: Et qu'encore qu'il tinſt cette grande excellence, qu'il a euë du depuis, de la bonté d'vn Dieu: ſi eſt-ce qu'il sembloit en tenir en quelque façon les premieres ſemences de la vertu de ſes Parens. Si donc l'Euangeliſte s'eſt ſeruy de cét argument; d'employer la vertu du Pere & de la Mere, pour affermir les eſperances qu'on deuoit conceuoir de celle de leur Fils: Qui trouuera eſtrange, ſi i'employe les merites de noſtre Vertueux Monarque, & de noſtre Religieuſe Princeſſe, pour fõder l'aſſeurance de la ſainctеté de leur Dauphin? Rigord, vn de nos Archeuesques, n'a point eu de preuue plus puissáte, ny de terme plus court, pour marquer les vertus de Philippes second, que de dire qu'il auoit choisi la Iustice pour Mere, *Iustitiam quasi propriam matrem dilexit:* Mais nous pouuons bien dire dauantage de ce Sacré Dauphin; qu'il la & pour Pere, & pour Mere: puis que l'vn de ses Parens en possede le nõ, & tous deux les merites.

De vray, à voir tant seulement les traiçts de son visage: on remarque facilemẽt qu'il renferme dans son ame les vertus de l'vn & de l'autre: *Sic refert ore Patrem, sic Matrẽ mixta similitudine pingit; vt in vno corpore vtrumq; agnoscas.* Il ressemble tellement à son Pere, & mesle si agreablement auec cette Image le pourtrait de sa Mere; que dãs vn mesme corps vous recognoissez deux personnes; dans vn mesme visage vous contemplez deux faces.

D'où ie poursuis par les paroles du mesme S. Hierosme, qui a proferé les premieres, *Similitudo morum per speculum carnis erumpens, ingentes animos anguste in corpore monstrat:* Que l'on lit sur son front, des yeux de l'esperance, la ressemblance future de leurs mœurs; & que dans ce petit corps, est renfermée vne grande ame, & dans cette ame les semences de leurs vertus & perfections excellentes.

Mais il faut finir ce discours, où ie n'aurois iamais fait, si i'entreprenois de satisfaire entieremét à vos desirs, & à mon affection, d'éleuer condignement la grandeur du bon-heur dont nous celebrons la solennité: Et ce sera, comme i'ay commencé, par l'adueu (que ie dois estimer glorieux,) que mes paroles sont contraintes de ceder à vn sujet inepuisable. Concluons donc, M[rs], par les acclamations sainctes ; qui doiuent accompagner vne si heureuse Naissance, & en exprimer autant que nous pouuons nos sentimens. Beny soit pour iamais le Pere qui nous a engendré ce bien-heureux Enfant : benie pour iamais la Mere qui nous l'a enfanté : benis les langues & les cœurs qui nous l'ont procuré : benis les Saincts qui nous l'ont obtenu : mais sur tout, apres Dieu, benie soit, ô Vierge bien heureuse, vostre admirable charité qui l'a comme conceu dedans son propre sein. C'est cette charité, qui m'a suggeré les Oracles que i'ay maintenant proferez ; & m'a fourny les preuues sur lesquelles ie les ay appuyez. C'est donc à elle à faire voir à la posterité, comme nous l'en supplions, que mes paroles sont vos promesses ; nos desirs vos desseins ; & nos prieres vos projets ; & que la voix de tout le peuple qui supplie, est en quelque maniere la voix du Dieu qui vous exauce. Vous luy auez donné vostre sein pour le conceuoir : donnez-luy vos mammelles pour l'allaicter dans son enfance, par de bonnes instructions : & quand il sera grand, donnez-luy vostre esprit, pour le guider en ses conseils : vos mains, pour le conduire & l'assister en ses combats : vos yeux, pour l'addresser en ses deportemens : vos prieres, pour luy procurer les benedictions de son Dieu : & sur tout vostre cœur, pour luy continuer vostre amour, & vos affections.

CEPENDANT, M[rs], pour vostre particulier : continuez, comme vous auez desia bien commencé, à prendre l'exemple de vos Princes, pour cultiuer de plus en plus vostre deuotion enuers la Mere de Dieu. Et pour vous y exciter, par ce vostre propre interest:

Considerez, que comme leur pieté vous en a monstré le chemin, leur recompense vous en monstre auiourd'huy l'vtilité: Leur zele vous enseigne auec quelle perseuerance il se faut donner à son seruice; & les benedictions qu'ils en ont receuës, & qui decoulent iusques à nous, vous font cognoistre le bon-heur qu'on en doit esperer: Vous voyez en leurs Majestez les merites qui s'y rencontrent: Vous voyez en leur Dauphin les fruits qu'on en remporte. Et que vostre condition ne vous estonne point; comme si cette grande Princesse auoit seulement des faueurs & de la charité pour les grands de la terre: C'est elle que sainct Epiphane, & S. Ephrem, appellent πολυόφθαλμον, toute parsemée d'yeux: pour tesmoigner qu'elle jette les yeux sur toutes sortes de personnes; & considere tous leurs besoins, & leurs calamitez : aupres de laquelle l'humilité a plus d'accez, que la grandeur ; & la vertu, que la fortune : En sorte, que si leurs sacrées Majestez sont receuës fauorablement : c'est de leur pieté, & non pas de leur dignité, qu'ils tiennent cét honneur. Et jaçoit que nous l'ayons ditte la Mere de cét heureux Dauphin, d'vne façon particuliere : si est-ce que sa charité merite qu'on l'appelle la Mere commune des hommes : Grande maternité que la sienne, qui embrasse, dit S. Augustin, & le Createur, & les Creatures ; & le chef, & les membres : *Corpore Mater est ipsius capitis, spiritu membrorum eius :* Mere du Chef, c'est à dire, Mere de Nostre Seigneur, quant à la chair : Mere des membres, c'est à dire, de tous les fidelles, quant à l'esprit & à l'amour : Tellement que vous ne deuez pas moins esperer ; si vous vous en rendez dignes par la fidelité de vos seruices, qu'elle ne vous merite les misericordes du Pere, Fils, & S. Esprit, Ainsi soit-il.

FIN.

www.ingramcontent.com/pod-product-compliance
Lightning Source LLC
LaVergne TN
LVHW050417160826
845677LV00002BA/412

* 9 7 8 2 3 2 9 7 7 1 1 9 9 *